1821

EXTRAIT DU RÉGLEMENT PROVISOIRE SUR L'INSTRUCTION A PIED ET A CHEVAL DANS LES RÉGIMENTS D'ARTILLERIE.

N.B. La poste ne se chargeant que des livres *brochés*, ce modèle n'a pu être envoyé *cartonné*, comme le seront les exemplaires.

Prix, cartonné avec planches. . . . . 30 c.
— — sans planches. . . . . 60 c.

EXTRAIT
DU RÉGLEMENT
PROVISOIRE
SUR L'INSTRUCTION
A PIED ET A CHEVAL
DANS LES RÉGIMENTS D'ARTILLERIE.

STRASBOURG,
De l'impr. de F. G. LEVRAULT.

EXTRAIT
DU RÉGLEMENT
PROVISOIRE
SUR L'INSTRUCTION
A PIED ET A CHEVAL,
DANS LES RÉGIMENTS D'ARTILLERIE.

Approuvé le 15 Juillet 1835 par M. le Ministre Secrétaire d'État de la guerre.

INSTRUCTION A PIED.

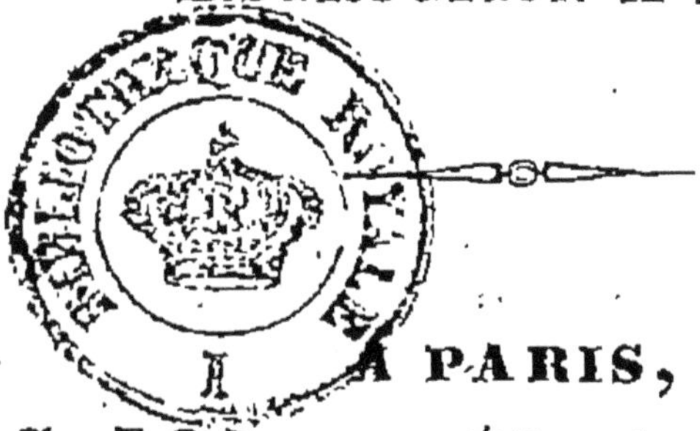

A PARIS,
Chez F. G. Levrault, Éditeur de l'Annuaire milit.,
rue de la Harpe, n.o 81;
Et rue des Juifs, n.° 33, à Strasbourg.
1836.

RÉGLEMENT
PROVISOIRE
SUR L'INSTRUCTION
A PIED ET A CHEVAL
DANS LES RÉGIMENS D'ARTILLERIE.

TITRE I.er
BASES GÉNÉRALES DE L'INSTRUCTION.

ARTICLE I.er
DU NOMBRE, DU CHOIX ET DU DEVOIR DES INSTRUCTEURS.

Le colonel est responsable de l'instruction du régiment, et ne peut, sous aucun prétexte, apporter des changements aux dispositions contenues dans la présente ordonnance.

Il assiste, autant que ses devoirs le lui permettent, aux instructions théoriques et pratiques, et particulièrement à celle des officiers réunis.

Le lieutenant-colonel est spécialement chargé de surveiller l'instruction du régiment, et c'est à lui que sont adressés les ordres du colonel qui y sont relatifs.

Le chef d'escadron de semaine surveille les instructions sous les ordres du lieutenant-colonel.

Le capitaine-instructeur d'équitation et de conduite des voitures est chargé de l'instruction des hommes non admis à la première classe à cheval, jusqu'aux écoles du peloton et du canonnier-conducteur inclusivement ; il dirige en outre le travail des sous-instructeurs d'équitation.

Il a sous ses ordres des officiers et des sous-officiers en nombre suffisant.

Chaque année, le colonel désigne un capitaine pour diriger l'instruction à pied des hommes non admis à la première classe de cette instruction. Il a sous ses ordres des officiers et des sous-officiers en nombre suffisant.

Tous les hommes ne réunissant pas au même degré l'intelligence et la patience nécessaires pour en instruire d'autres, il est essentiel de bien choisir les officiers, sous-officiers et brigadiers destinés aux fonctions d'instructeur.

On a soin de prendre, autant que possible, le même nombre d'instructeurs dans chaque batterie.

On désigne aussi par batterie plusieurs brigadiers pour aider les sous-officiers instructeurs, et les suppléer au besoin.

Chaque année, avant l'époque où commence le travail d'hiver, les capitaines-instructeurs soumettent aux chefs d'escadrons, et remettent ensuite au lieutenant-colonel, qui le présente à l'approbation du colonel, le contrôle des officiers, sous-officiers et brigadiers reconnus capables de concourir à l'instruction tant à pied qu'à cheval.

A la même époque, le lieutenant-colonel, assisté des chefs d'escadrons, des capitaines-instructeurs et des capitaines commandants, examine successivement les sous-officiers, brigadiers et canonniers de chaque batterie, et détermine à quelle classe ils doivent appartenir.

Il arrête aussi la composition d'un peloton d'instruction qui est formé des sous-instructeurs d'équitation, et dans lequel peuvent être admis les sujets de tous grades proposés pour l'avancement, et qui annoncent le plus d'aptitude pour le service à cheval.

Le régiment est alors divisé en trois classes, tant à pied qu'à cheval.

A pied.

La première classe est composée des sous-officiers, brigadiers et canonniers les plus instruits;

La deuxième classe, de ceux qui le sont moins;

La troisième classe se compose des recrues.

A cheval.

La composition des classes est semblable.

Les capitaines commandants de batterie sont chargés de l'instruction des hommes admis aux premières classes.

Les officiers, sous-officiers et brigadiers désignés pour être employés à l'instruction sont aux ordres des capitaines-instructeurs, qui les attachent aux détails pour lesquels ils les croient le plus capables, sans pouvoir toutefois les exempter de leur service. Lorsqu'ils n'en sont pas contents, ils en rendent compte au chef d'escadron de semaine; celui-ci en fait son rapport au lieutenant-colonel, qui prend les ordres du colonel pour les faire remplacer.

Après que les classes d'instruction ont été assemblées et inspectées par les brigadiers, sous-officiers et lieutenants de semaine, sous la surveillance de l'adjudant-major de semaine, les instructeurs en prennent le commandement et en deviennent dès-lors responsables.

Les instructeurs conduisent les classes sur le terrain d'exercice et les ramènent en ordre au quartier.

Quand les lieutenants et sous-lieutenants sont réunis pour une instruction pratique, ils sont habituellement commandés par le capitaine-instructeur chargé de cette instruction. Le colonel ou le lieutenant-colonel, et, en leur absence, un chef d'escadron, préside à ce travail.

Les capitaines-instructeurs dirigent spécialement le travail de leurs instructeurs réunis et celui du peloton d'instruction. Ils sont chargés de la *théorie* des lieutenants et sous-lieutenants, et particulièrement de celle des instructeurs.

Ils surveillent la *théorie* des sous-officiers et brigadiers.

Chaque capitaine-instructeur a l'état général des classes.

Les officiers et sous-officiers instructeurs ont aussi l'état nominatif des classes auxquelles ils sont attachés.

Au 1.er de chaque mois, la situation numérique des classes est remise, par chacun des capitaines-instructeurs, au chef d'escadron de semaine; celui-ci la remet au lieutenant-colonel, qui la présente au colonel en lui rendant compte des mutations survenues.

Les officiers, sous-officiers et brigadiers employés à l'instruction ne peuvent passer d'une classe à une autre, soit à pied, soit à cheval, qu'après avoir été examinés sur le terrain par le capitaine-instructeur, en présence du lieutenant-colonel et du chef d'escadron de semaine.

L'instruction individuelle étant la base de l'instruction des batteries, de laquelle dépend celle d'un régiment, et les premiers principes exerçant la plus grande influence sur cette instruction individuelle, on doit surveiller avec un soin particulier les classes de recrues, et y attacher, autant que possible, dès les premières leçons, soit à pied, soit à cheval, les officiers et sous-officiers les plus capables.

Les instructeurs se placent habituellement à une distance telle, qu'ils puissent d'un coup d'œil embrasser l'ensemble de leur troupe et s'en faire bien entendre. Ils se déplacent le moins possible, et seulement pour les rectifications indispensables dans la position des canonniers et l'exécution des mouvements.

Ils rappellent en peu de paroles, claires et précises, les explications qui n'ont pas été bien comprises; et, afin de ne pas surcharger la mémoire des canonniers, ils se servent toujours des mêmes termes pour démontrer les mêmes principes.

Ils doivent joindre souvent l'exemple au précepte, soutenir l'attention par un ton animé, et faire passer à un autre mouvement dès que celui qu'ils commandent a été exécuté d'une manière satisfaisante. Enfin, ils doivent se montrer de jour en jour plus exigeants sous le rapport de la précision et de l'ensemble.

Pendant les repos, les instructeurs questionnent les canonniers pour s'assurer que leurs leçons ont été bien comprises. Dans les *théories*, on exige que les commandements et les explications soient faits comme si l'on était sur le terrain.

ARTICLE II.

DIVISION, ORDRE ET PROGRESSION DU TRAVAIL.

L'instruction ne pouvant être solidement établie qu'en joignant la théorie à la pratique, il y a dans le régiment une instruction théorique indépendamment des exercices sur le terrain.

Pendant le semestre d'hiver, le lieutenant-colonel réunit les capitaines une fois par semaine, pour la *théorie* sur les différentes parties de leur instruction. Les chefs d'escadrons y assistent, et l'un d'eux le supplée au besoin.

Les capitaines-instructeurs réunissent, pour le même objet, les lieutenants et sous-lieutenants, et l'un des officiers-instructeurs, dans chaque partie, réunit également à cet effet les sous-officiers et brigadiers. Chacune de ces théories a lieu au moins une fois par semaine, et elle devient théorie pratique, principalement pour les sous-officiers et brigadiers, aussitôt que l'instructeur le juge convenable.

La *théorie* des sous-instructeurs a lieu séparément, deux fois par mois.

Pendant le semestre d'été, les théories ne sont continuées que pour ceux à qui elles sont encore nécessaires.

L'instruction pratique est divisée en *travail d'hiver* et *travail d'été*, comprenant l'*instruction à pied* et l'*instruction à cheval*.

L'*instruction à pied*, de même que l'*instruction à cheval*, comprend l'*école du canonnier*, l'*école du peloton* et l'*école de l'escadron*.

L'*instruction à cheval* comprend de plus la *conduite des voitures*.

L'*école du canonnier à pied* et *à cheval* est divisée en trois leçons, et chaque leçon en deux parties.

L'*école du peloton* est divisée en trois articles.

L'*école d'escadron* est divisée en trois articles.

La *conduite des voitures* est divisée en deux leçons, et chaque leçon en deux parties.

Travail d'hiver.

Pendant le semestre d'hiver, le régiment est réparti en trois classes.

La première est composée des sous-officiers, brigadiers et canonniers les plus instruits;

La deuxième est composée de ceux qui le sont moins;

La troisième est composée des recrues.

La première et la deuxième classe, tant à pied qu'à cheval, sont exercées à l'école du peloton.

La troisième classe est exercée à l'école du canonnier, et successivement à l'école du peloton.

Le travail d'hiver est spécialement consacré à l'instruction des troisième et deuxième classes; cependant les premières classes sont exercées autant que possible aux différents genres d'instruction.

Lorsque le temps ne permet pas de faire travailler dehors, les troisième et deuxième classes sont exercées au manége et à des instructions intérieures.

Les premières classes sont instruites, dans l'intérieur, à monter et à démonter toutes les parties de l'armement, de l'équipement et du harnachement; à bien connaître toutes les dénominations de chacune; à seller, garnir, brider et charger.

Les chevaux des maréchaux-des-logis chefs, des fourriers et des trompettes, ne peuvent, sous aucun prétexte, être dispensés de participer aux différentes classes d'instruction.

Les chevaux désignés pour la réforme de l'année sont affectés aux premières leçons des recrues.

Les chevaux qui n'ont pas travaillé aux différentes classes sont promenés en bridon au moins trois fois par semaine, et, autant que possible, ils sont tous sellés et montés.

Les chevaux de remonte qui n'ont que quatre ans, sont promenés en couverte et en bridon; ceux de cinq ans travaillent trois fois par semaine, et sont montés par des instructeurs ou des sous-officiers, brigadiers et canonniers choisis à cet effet.

Pendant le semestre d'hiver, les lieutenants et sous-lieutenants montent ensemble au manége une fois par semaine, sur leurs chevaux. Ceux qui ont besoin de se fortifier dans les instructions sont employés aux différentes classes.

Ils n'en sont pas moins astreints à travailler avec les autres officiers les jours où ils se réunissent.

Le peloton d'instruction est exercé au moins une fois par semaine en hiver et en été.

Travail d'été.

Les troisième et deuxième classes, tant à pied qu'à cheval, continuent les mêmes instructions que dans le semestre d'hiver.

Les premières classes sont exercées à l'école du peloton, puis réunies pour les manœuvres de l'école d'escadron, et enfin pour les évolutions du régiment à pied.

Aussitôt que le travail des premières classes commence, il est dirigé par les officiers des batteries en nombre suffisant.

Les sous-officiers, brigadiers et canonniers qui se négligent dans les différents exercices, sont remis aux classes inférieures, ainsi que ceux qui reviennent de semestre ou qui ont une absence de plus d'un mois, si leur instruction l'exige.

Quand les escadrons de manœuvre sont réunis, le colonel doit, de temps à autre, faire commander les différentes reprises des évolutions par les officiers supérieurs, afin de juger du degré de leur instruction; il doit aussi, lorsque l'instruction est assez avancée, faire exercer par les officiers de divers grades un commandement supérieur à celui de leur emploi.

ARTICLE III.

GRADATION DE L'INSTRUCTION.

Recrues.

L'instruction de l'homme de recrue commence par le travail à pied. La première semaine de son arrivée au régiment est employée exclusivement à l'instruction de tous les détails de discipline, de police et de service intérieur, ainsi que de ceux relatifs à la tenue du canonnier, et en outre au pansage du cheval pour les hommes montés.

On apprend à ces derniers à sauter à cheval, à gauche et à droite.

On fait connaître à l'homme de recrue les principales parties de l'armement et de l'équipement, ainsi que les moyens de les tenir propres; la manière de rouler le manteau ou la capote, de plier les effets et de les placer dans le porte-manteau ou dans le havre-sac, de seller, trousser la queue, harnacher, etc.

Ces diverses instructions sont données par le brigadier de chambrée, sous la surveillance des sous-officiers et du lieutenant de semaine.

Les hommes de recrue, après ces huit jours, sont mis à la première leçon à pied; on continue à les instruire des détails ci-dessus mentionnés.

Ils sont exercés à pied, autant que possible, deux fois par jour, et chaque fois pendant deux heures; une demi-heure de ce temps est employée à leur enseigner les devoirs des hommes de garde.

Les hommes de recrue doivent, après six semaines ou deux mois au plus, être en état de monter la garde au quartier, et avoir par conséquent exécuté les trois leçons de l'école du canonnier à pied.

Le capitaine-instructeur en rend compte au chef d'escadron de semaine, qui prend les ordres du lieutenant-colonel.

Les hommes montés commencent alors leur instruction à cheval, et continuent en même temps l'instruction à pied : on a l'attention de leur donner des chevaux sages et bien dressés.

Les hommes non montés continuent l'instruction à pied.

L'école du peloton à pied doit toujours précéder l'école du peloton à cheval, et marche à peu près en même temps que la troisième leçon à cheval; de telle sorte que les hommes montés ont exécuté les trois articles de l'école du peloton à pied lorsqu'ils commencent le premier article à cheval.

Cet article terminé, les servants à cheval continuent l'école du peloton à cheval et l'instruction à pied (cette dernière plus rarement).

écapitulation du temps nécessaire pour instruire un canonnier jusqu'à l'école du peloton à pied et à cheval, et conduite des voitures inclusivement.

A PIED.

École du canonnier.

ᵉ leçon.	1.re partie. . . 4 leçons.	2.e *id.* . . . . . 8 —	12 leçons.
leçon.	1.re partie. . . 6 leçons.	2.e *id.* . . . . . 18 —	24 leçons.
leçon.	1.re partie. . . 8 leçons.	2.e *id.* . . . . . 6 —	14 leçons.
		TOTAL.	50 leçons.

École du peloton à pied.

1.er article . . .	8 leçons.	
2.e *id.*	6 —	
3.e *id.*	10 —	24 leçons.
TOTAL . . .	24 leçons.	

(Cette récapitulation est donnée seulement pour le canonnier non monté.)

A CHEVAL.

École du canonnier.

ᵉ leçon.	1.re partie. . . 5 leçons.	2.e *id.* . . . . . 15 —	20 leçons.
		A reporter. .	20 leçons.

		Report. . .	20 leçons.
2.e leçon.	1.re partie. . .	20 leçons.	40 leçons.
	2.e *id*.	20 —	
3.e leçon.	1.re partie. . .	30 leçons.	45 leçons.
	2.e *id*.	15 —	
		TOTAL.	105 leçons.

École du peloton.

1.er article. . . .	15 leçons.	40 leçons.
2.e *id*.	10 —	
3.e *id*.	15 —	
TOTAL . . .	40 leçons.	
TOTAL GÉNÉRAL.		145 leçons.

CONDUITE DES VOITURES.

1.re leçon.	1.re partie. . .	2 leçons.	8 leçons.
	2.e *id*.	6 —	
2.e leçon.	1.re partie. . .	8 leçons.	20 leçons.
	2.e *id*.	12 —	
		TOTAL.	28 leçons.

Brigadiers.

Les brigadiers doivent savoir exécuter toutes les instructions des premières classes, et enseigner les trois leçons à pied et la première leçon à cheval.

Nota. Les artificiers doivent posséder les mêmes connaissances pratiques et théoriques que les brigadiers, autant que le permet la spécialité de leurs fonctions.

Sous-officiers.

Les sous-officiers doivent savoir exécuter toutes les instructions des premières classes, et pouvoir enseigner les trois leçons à pied et à cheval, et la conduite des voitures.

Ils doivent également connaître tous les détails du service, afin d'être en état de conduire leur troupe et de remplacer au besoin les chefs de peloton.

La théorie des sous-officiers doit embrasser *les bases de l'instruction*, *l'école du canonnier*, *l'école du peloton à pied et à cheval*, et *la conduite des voitures*.

Le colonel choisit dans chaque batterie ceux des brigadiers et artificiers qu'il juge susceptibles d'être admis à la théorie des sous-officiers.

Officiers.

Les officiers, depuis le colonel jusqu'au sous-lieutenant, doivent être en état de commander, chacun en ce qui concerne son grade. Nul n'est réputé complétement instruit s'il ne sait, en outre, expliquer et exécuter tout ce qui est contenu dans la présente ordonnance.

La *théorie* des officiers doit comprendre tous les titres de cette ordonnance.

Tout officier arrivant au régiment pour la première fois doit être examiné par le lieutenant-colonel sur son instruction théorique et pratique.

Si les fautes commises aux exercices par un officier, quel que soit son grade, proviennent de négligence ou de défaut d'instruction, le commandant du régiment le fait immédiatement remplacer et passer en serre-file; il peut même lui interdire les fonctions de son grade aux évolutions, jusqu'à ce qu'il soit en état de les mieux remplir.

Le colonel peut, s'il le juge à propos, dispenser de la *théorie* les officiers dont l'instruction est complète.

ARTICLE IV.

DÉFINITIONS ET PRINCIPES GÉNÉRAUX.

Une TROUPE se compose de rangs et de files.

Un RANG se compose de canonniers les uns à côté des autres.

Une FILE se compose de deux canonniers, l'un derrière l'autre.

CHEF-DE-FILE, est l'homme du premier rang d'une troupe, relativement à celui qui est placé derrière lui au deuxième rang.

SERRE-FILE, est un officier ou un sous-officier placé derrière le deuxième rang.

FRONT, est le devant d'une troupe, soit en bataille, soit en colonne.

CENTRE, est le milieu d'une troupe.

AILE, est l'extrémité de droite ou de gauche d'une troupe en bataille.

FLANC, est le côté de droite ou de gauche d'une colonne.

HAUTEUR, s'entend du nombre de rangs dont une troupe est composée.

INTERVALLE, est l'espace vide entre deux troupes ou entre les fractions d'une troupe en bataille.[1]

1 Il s'entend plus particulièrement de l'espace que les escadrons d'un régiment en bataille doivent conserver entre eux.

Cet intervalle est de 9 pas 3/4 mesuré entre le coude du maréchal-des-logis de la gauche d'un esca-

Distance, espace vide d'une troupe à une autre en colonne, ou entre les rangs d'une même troupe, soit en colonne, soit en bataille.

La distance entre les rangs ouverts à cheval est de six pas (6 mètres), mesurés de la croupe des chevaux du premier rang à la tête des chevaux du deuxième; à pied, cette distance est de six pas (4 mètres).

Lorsque les rangs sont serrés, la distance à cheval est de deux tiers de mètre (2 pieds) comptés de la croupe des chevaux du premier rang à la tête de ceux du deuxieme; à pied, elle n'est que d'un tiers de mètre (1 pied), mesuré de la poitrine du canonnier du deuxième rang au dos de son chef de file.

Lorsqu'une troupe est formée en colonne par pelotons, les distances sont mesurées, à pied et à cheval, des canonniers du premier rang aux canonniers d'un autre premier rang.

Profondeur, est l'espace compris entre la tête et la queue d'une colonne.

dron (non compté dans le rang) et celui du maréchal-des-logis de la droite, qui le suit en bataille.

Alignement, est la disposition de plusieurs canonniers ou de plusieurs troupes sur une même ligne. On en distingue deux sortes : *l'alignement individuel* et *l'alignement par troupe*.

L'alignement individuel est celui de canonniers se plaçant les uns à côté des autres, dans une direction parallèle entre eux, et sans que l'un soit en avant ou en arrière de l'autre.

L'alignement par troupe est celui d'une troupe se portant sur le prolongement d'une ligne déjà occupée.

Toute troupe qui doit se former et s'aligner sur une autre s'arrête à la hauteur des serre-files, parallèlement à la ligne de formation, pour se porter ensuite sur l'alignement de la troupe déjà formée.

Tout commandant d'une troupe se porte, pour l'aligner, du côté indiqué par le commandement : il en est de même si la troupe qu'il commande sert de base d'alignement à une autre troupe ; mais le commandant de la troupe qui s'aligne sur une autre se porte du côté opposé pour l'aligner.

PELOTON, se compose habituellement de douze files ; il peut aussi être porté à seize.

ESCADRON, se compose de quatre pelotons.

RÉGIMENT DANS L'ORDRE EN BATAILLE, se compose d'escadrons disposés sur une même ligne avec leurs intervalles. Il est dans L'ORDRE NATUREL, lorsque ces escadrons sont placés par ordre de numéros de la droite à la gauche.

Il est dans l'ordre inverse, lorsque ses premiers escadrons sont à la gauche de la ligne et ses derniers à la droite, ou lorsque les subdivisions de chaque escadron sont interverties entre elles.

On ne doit prendre cet ordre qu'autant que les circonstances l'exigent.

COLONNE, est la disposition d'une troupe dont les fractions sont les unes derrière les autres.

COLONNE DE ROUTE, est formée de canonniers par deux ou par quatre.

COLONNE AVEC DISTANCE, est formée de pelotons ayant entre eux la distance nécessaire pour se remettre en bataille dans tous les sens.

Colonne serrée, est formée d'escadrons avec douze pas (12 mètres), à cheval, et neuf pas trois quarts (6,50 mètres), à pied, de distance d'un escadron à l'autre; cette distance a pour objet de donner le moins de profondeur possible à la colonne.

La colonne a la droite en tête lorsque ses fractions sont disposées par ordre de numéros, de la tête à la queue.

La colonne a la gauche en tête lorsque ses dernières fractions, par ordre de numéros, se trouvent les premières.

Points fixes ou de direction, servent à indiquer la direction dans laquelle on veut faire marcher une troupe en bataille ou en colonne, ou bien à établir la droite et la gauche d'une ligne.

Points intermédiaires, sont ceux pris entre des points fixes. Ils servent à maintenir une troupe pendant sa marche dans la direction indiquée, ou bien à assurer la rectitude de la formation des lignes.

Guides généraux, sont les deux sous-officiers servant à marquer, dans la formation d'un régiment, les points où sa droite et sa gauche doivent s'appuyer.

Ils sont choisis dans le premier et le dernier escadron, et sont à la disposition des adjudants-majors pour le tracé des lignes.

GUIDES PRINCIPAUX, sont les sous-officiers servant à marquer les points intermédiaires dans la formation en bataille.

Les sous-officiers serre-files des premier et quatrième pelotons sont les guides principaux de leurs escadrons respectifs.

GUIDES PARTICULIERS, sont les sous-officiers qui se portent sur la ligne de formation pour marquer l'encadrement de leurs escadrons à mesure qu'ils y arrivent.

Les deux sous-officiers des ailes non comptés dans le rang sont les guides particuliers de leurs escadrons respectifs.

GUIDE DE LA MARCHE EN BATAILLE, est le sous-officier serre-file de l'une des ailes qui, dans la marche en bataille, remplace au premier rang le guide particulier, lorsque celui-ci se porte sur l'alignement des officiers pour assurer la direction de la marche, en servant de point intermédiaire.

GUIDE DE COLONNE, est l'homme de l'une des ailes du premier rang d'une troupe en colonne; il est chargé de la direction de la marche.

Le guide est toujours à gauche lorsque la droite est en tête, et il est à droite lorsque la gauche est en tête: les exceptions à cette règle générale sont indiquées au titre des évolutions.

Dans la marche oblique, le guide est du côté vers lequel on oblique; et lorsqu'après avoir obliqué l'on rentre dans la direction primitive, le guide se reprend où il était précédemment.

CONVERSION, s'entend du mouvement circulaire exécuté par un canonnier ou par une troupe revenant au point de départ.

Lorsqu'une troupe exécute une conversion, elle tourne sur l'une de ses ailes, chacun des canonniers qui la composent décrivent un cercle plus ou moins grand, en raison de son éloignement du point central.

DEMI-TOUR, est une demi-conversion.

A DROITE OU A GAUCHE, est un quart de conversion.

DEMI A DROITE OU DEMI A GAUCHE, est le huitième de la conversion.

QUART D'A DROITE OU QUART D'A GAUCHE, est le seizième de la conversion.

PIVOT, est le canonnier placé au premier rang de l'aile sur laquelle on converse. On en distingue deux sortes, le *pivot fixe* et le *pivot mouvant*.

Le pivot est *fixe* toutes les fois qu'il tourne sur lui-même; il est *mouvant* lorsqu'il décrit un arc de cercle plus ou moins grand.

L'arc de cercle décrit par le pivot d'un rang de deux, de quatre, de huit, ou par le pivot d'un peloton exécutant un quart de conversion, est de cinq pas (5 mètres), à cheval, ou trois mètres un tiers, à pied; et pour un escadron, il est de vingt pas (20 mètres ou 13 mètres 1/3).

Déboîtement exprime le commencement d'un mouvement de conversion, exécuté par les fractions d'un escadron dont les ailes marchantes se séparent du pivot de la fraction qui les avoisine.

Emboîtement exprime la fin d'un mouvement de conversion, exécuté par les fractions d'un escadron pour se mettre en bataille, quand l'aile marchante de chaque fraction se réunit au pivot de celle qui la précède.

Ploiement, est le mouvement par lequel un régiment quitte l'ordre en bataille pour prendre l'ordre en colonne serrée.

Déploiement, est le mouvement par lequel un régiment quitte l'ordre en colonne serrée pour prendre l'ordre en bataille.

Formation, est le placement régulier de toutes les fractions d'une troupe, soit dans l'ordre en bataille, soit dans l'ordre en colonne.

Pas et allures : on distingue deux espèces de pas, le *pas ordinaire* et le *pas accéléré*. On distingue trois espèces d'allures, le *pas*, le *trot*, et le *galop*.

A pied, les mouvements s'exécutent habituellement au *pas accéléré*, sans que le commandement en soit fait. Quand on veut les exécuter au *pas ordinaire*, le commandement doit l'indiquer.

A cheval, lorsque le commandement n'indique pas l'allure, le mouvement se fait toujours *au pas*, si la troupe est de pied ferme; et si elle est en marche, il se fait à l'allure à laquelle elle marchait précédemment.

Le pas, considéré comme mesure, se compte, à pied, à raison de deux tiers de mètre (2 pieds); le pas en arrière est d'un tiers de mètre (1 pied).

A cheval, il est d'un mètre (3 pieds).

A pied, la vitesse du pas ordinaire est de soixante-seize à la minute; celle du pas accéléré est de cent pas.

L'étendue du terrain qu'un cheval non attelé peut parcourir aux différentes allures varie en raison de sa conformation; mais on peut calculer généralement qu'un cheval parcourt à chaque pas quatre-vingt-trois centimètres (2 pieds 8 pouces); à chaque temps de trot, cent vingt centimètres (3 pieds 8 pouces); et à chaque temps de galop, trois mètres vingt-cinq centimètres (environ 10 pieds) : d'où il résulte qu'un cheval doit parcourir au pas, dans une minute, cent mètres (50 toises); au trot, deux cent quarante mètres (120 toises), et au galop, trois cents mètres (150 toises).

Marche directe, est celle qui s'exécute par une troupe en ligne ou en colonne, pour se porter en avant, perpendiculairement à son front.

Marche de flanc, est celle par laquelle on gagne du terrain vers sa droite ou vers sa gauche, après avoir exécuté un quart de conversion.

La marche diagonale n'est ainsi nommée que par rapport au front d'où l'on part, en changeant de direction par un *demi à droite* (ou un *demi à gauche*), pour arriver à un point déterminé vers la droite ou vers la gauche.

Marche oblique, est celle par laquelle on se porte en avant, en gagnant du terrain vers l'un de ses flancs sans changer de front. On en distingue deux sortes : la *marche oblique individuelle*, et la *marche oblique par troupe.*

La marche oblique individuelle est celle qui s'exécute par un mouvement particulier de chaque canonnier.

La marche oblique par troupe est celle qui s'exécute par un mouvement d'ensemble de chacune des subdivisions d'une troupe en bataille.

Marche circulaire, est celle qu'on exécute en décrivant un cercle ou une portion de cercle.

Contre-marche, est un mouvement par lequel les canonniers des deux rangs, après avoir fait successivement un *à droite* ou un *à gauche*, viennent se reformer, face en arrière, parallèlement à la première formation.

Obstacle, s'entend d'un accident de terrain qui oblige une troupe en bataille à ployer une partie de son front.

Défilé, s'entend de tout passage qui oblige une troupe en bataille à se ployer en colonne, ou une troupe en colonne, à diminuer son front.

ÉVOLUTIONS, sont les mouvements réguliers par lesquels un régiment passe d'un ordre à un autre.

COMMANDEMENT. On en distingue trois sortes : le commandement d'*avertissement*, qui est GARDE A VOUS. Il sert de signal pour prendre l'immobilité et prêter attention.

Le commandement *préparatoire*; il indique le mouvement qui va se faire.

Le commandement *d'exécution*, qui est MARCHE OU HALTE.

Le ton de commandement doit être animé, distinct, et d'une étendue de voix proportionnée à la troupe que l'on commande.

On prononce le commandement GARDE A VOUS dans le haut de la voix et en appuyant sur la dernière syllabe.

Les commandements *d'exécution* sont prononcés d'un ton plus ferme que les commandements *préparatoires*. On les prolonge, parce que, le mouvement qui doit les suivre se communiquant de l'homme au cheval, on évite par là toute espèce de saccade et d'à coup.

Pour quelques mouvements, ainsi que pour l'instruction de détail, il y a des commandements et des finales de commandements qui déterminent une exécution; on leur applique ce qui est prescrit pour les commandements d'exécution.

Dans l'exercice à pied et le maniement des armes, la partie du commandement qui détermine l'exécution doit être prononcée d'un ton ferme et bref.

Les commandements d'avertissement et préparatoires sont distingués par des lettres *italiques;* ceux d'exécution par des lettres *majuscules.*

Les commandements préparatoires qui, par leur longueur, deviennent difficiles à être prononcés de suite, doivent être coupés en deux ou trois parties, en observant une progression ascendante dans le ton du commandement, mais toujours de manière que celui d'exécution soit plus énergique et plus élevé. (*Les coupures sont indiquées par des tirets* =.)

On ne prononce pas les parties des commandements placées entre deux parenthèses.

Temps, en instruction de détail, est une action d'exercice qui s'exécute à un commandement ou partie de commandement, et qui se divise en *mouvements*, pour en démontrer le mécanisme et en faciliter l'exécution.

Sonneries, sont les signaux de trompette indiquant à la troupe les mouvements ou les détails de service qu'elle doit exécuter.

ARTICLE V.

SONNERIES *(ordre de cavalerie)*.

1. La générale.
2. Le boute-selle.
3. Le boute-charge.
4. A cheval.
5. L'appel.
6. L'assemblée.
7. A l'étendard.
8. La marche. (*Elle sert aussi pour la marche à pied au pas accéléré.*)
9. Le ralliement.
10. Le réveil.

11. Le repas des chevaux.
12. Le pansage.
13. L'abreuvoir. (*On sonne un demi-appel.*)
14. La soupe.
15. Le rassemblement de la garde.
16. Le ban.
17. La fermeture du ban.
18. A l'ordre.
19. A l'ordre pour les maréchaux-des-logis chefs.
20. A l'ordre pour les fourriers.
21. La réunion des trompettes.
22. La retraite.
23. Pour éteindre les feux.
24. Appel des consignés.
25. Les corvées.
26. Les distributions.
27. L'instruction.
28. Le rassemblement du régiment à pied. (*On sonne quatre appels.*)
29. Le pas ordinaire.

Pour les manœuvres.

1. En avant.
2. Halte.
3. Au pas.
4. Au trot.
5. A gauche.
6. A droite.

7. Demi-tour à gauche.
8. Ralliement.
9. Montez sur les coffrets. (*On sonne un demi-appel.*)

ARTICLE VI.

RASSEMBLEMENT D'UN RÉGIMENT D'ARTILLERIE A PIED.

Lorsqu'un régiment doit prendre les armes à pied, on fait sonner quatre appels consécutifs; à ce signal, les canonniers sont réunis par pièces, par le maréchal-des-logis chef, et inspectés par les officiers de la batterie.

Les chefs d'escadrons, après avoir reçu les rapports des capitaines commandants de leurs batteries, font leur rapport au lieutenant-colonel; semblables rapports sont rendus par les maréchaux-des-logis chefs à l'adjudant sous-officier de semaine, qui les transmet à l'adjudant-major de semaine, lequel les rend au lieutenant-colonel.

Le lieutenant-colonel ayant reçu ces différents rapports, et s'étant assuré que toutes les inspections ont été passées, donne ses ordres à l'officier supérieur de semaine pour faire sonner l'*assemblée* et réunir et former le régiment.

Après la réunion du régiment, il en passe l'inspection, et, à l'arrivée du colonel, il lui fait son rapport et prend ses ordres.

Le colonel détache la troupe qui doit aller chercher l'étendard.

Si l'étendard est trop éloigné du lieu de rassemblement, le lieutenant-colonel en détache l'escorte avant l'arrivée du colonel.

Dans les camps, ou lorsque le colonel loge dans le quartier, le porte-étendard va prendre l'étendard escorté seulement de deux maréchaux-des-logis.

Formation d'un régiment d'artillerie en bataille à pied, et disposé pour une inspection du colonel.

(Pl. I.re)

Le régiment est partagé par batteries, distinguées par la dénomination de première, deuxième, troisième, etc.; elles sont formées sur deux rangs et sur la même ligne, dans l'ordre de ces numéros, en commençant par la droite à six pas (4 mètres) d'intervalle.

Chaque batterie est formée par rang de taille, les canonniers servants à la droite, les canonniers conducteurs à la gauche, et les plus grands au premier rang.

Les brigadiers sont placés aux deux ailes de leur batterie respective, dans les batteries à cheval; les brigadiers non montés aux ailes des canonniers servants, et les brigadiers montés aux ailes des conducteurs, dans les autres batteries.[1]

Le capitaine commandant est placé au centre de sa batterie, et à un pas (2/3 de mètre) en avant du premier rang.

Le premier et le deuxième lieutenant sont placés à droite et à gauche du capitaine commandant, au milieu de la portion de troupe comprise entre le centre et chacune des ailes de la bat-

1 Si le régiment est disposé pour une revue d'effectif, les brigadiers et canonniers sont placés par grade et à leur rang de contrôle.

terie, sur l'alignement du capitaine commandant.

Le premier et le deuxième maréchal-des-logis sont placés à la droite et à la gauche du premier rang de la batterie; ils ne comptent pas dans le rang.

Les autres sous-officiers en serre-file sont placés par ancienneté, et à des intervalles égaux, de la droite à la gauche, à un pas (2/3 de mètre) en arrière du deuxième rang.[1]

Place des officiers, sous-officiers de l'état-major d'un régiment en bataille à pied, et disposé pour une inspection.

Le colonel, le lieutenant-colonel, les officiers, sous-officiers de l'état-major,

1 Pour porter le régiment d'un point à un autre, le colonel, après avoir fait compter par quatre dans chaque batterie, fait rompre par quatre, ce qui s'exécute conformément aux principes prescrits pour le régiment de manœuvre.

La formation d'une batterie est applicable aux compagnies du bataillon de pontonniers et aux compagnies d'ouvriers.

Le bataillon de pontonniers sera également disposé pour une inspection comme le régiment d'artillerie.

sont aux places indiquées dans la formation d'un régiment de manœuvre : le premier chef d'escadron au centre des première et deuxième batteries ; le deuxième au centre des troisième et quatrième, etc., sur l'alignement du lieutenant-colonel et du major.

Le porte-étendard est placé à l'avant-dernière file de gauche de la sixième batterie, entre deux maréchaux-des-logis, comptant ainsi que lui dans le rang.

Le capitaine d'habillement est placé au centre du peloton hors rang, sur l'alignement des capitaines commandants.

Les trompettes, formés sur deux rangs, sont placés leur gauche à deux pas (1 mètre 1/3) de l'adjudant-major de droite, sur l'alignement du premier rang. Ils se portent à cinquante pas en avant du centre du régiment, s'ils doivent exécuter des fanfares.

ARTICLE VII.

RASSEMBLEMENT D'UN RÉGIMENT D'ARTILLERIE AVEC SES CHEVAUX.

Quand un régiment doit être réuni avec ses chevaux, on sonne le *boute-selle;* à ce signal, on selle.

Lorsqu'on sonne le *boute-charge*, on charge et l'on bride; les canonniers tiennent leurs chevaux prêts à sortir de l'écurie.

Quand on sonne *à cheval*, l'officier de semaine et les maréchaux-des-logis les font sortir.

Les canonniers sont réunis, inspectés, et les rapports rendus comme il est prescrit.

En cas d'alerte ou de surprise, comme il s'agit de se mettre sous les armes le plus tôt possible, on sonne à cheval; alors le canonnier selle, charge, bride et monte à cheval avec la plus grande célérité, pour se rendre au lieu du rassemblement, qui est toujours déterminé d'avance.

Formation d'un régiment d'artillerie en bataille avec ses chevaux, et disposé pour une inspection.

(Pl. 2, fig. A.)

Les batteries sont formées sur deux lignes parallèles, dans l'ordre de leur numéro, et à douze pas (12 mètres) d'intervalle.

En première ligne sont les canonniers servants; en seconde ligne, les canonniers conducteurs : la deuxième ligne à vingt pas (20 mètres) de la première, distance comptée d'un premier rang à l'autre.

Les canonniers servants sont formés sur deux rangs, les canonniers conducteurs sur un seul[1], tous par pièce. Les lignes se correspondent de centre en centre.

Les canonniers conducteurs conservent deux tiers de mètre de distance

1 Si les batteries ont un plus grand nombre de chevaux que celui fixé par le pied de paix, on pourra disposer les canonniers sur deux lignes, par demi-batteries.

entre leurs sous-verges et le porteur placé à leur droite.

Les conducteurs non montés sont réunis en un seul peloton à la gauche des servants.

Le premier rang des servants non montés s'aligne sur le premier rang des servants à cheval.

Le capitaine commandant est placé au centre de la première ligne, la croupe de son cheval à deux pas (2 mètres) en avant de la tête des chevaux du premier rang, dans les batteries à cheval; à trois pas (3 mètres) en avant du premier rang, dans les batteries montées.

Le premier et le deuxième lieutenant sont placés au centre et en avant des demi-batteries de la deuxième ligne, la croupe de leurs chevaux à un pas (1 mètre) en avant de la tête des chevaux des conducteurs.

Le maréchal-des-logis chef et le fourrier sont placés en serre-file derrière la première ligne. Dans les batteries à cheval, le maréchal-des-logis chef est placé au centre du peloton des servants, la tête de son cheval à un pas (1 mètre) de la croupe du deuxième rang. Le fourrier sur le même alignement, au centre du peloton des hommes non montés. Dans les batteries à pied montées, ces deux sous-officiers sont placés au centre des demi-batteries, sur l'alignement des serre-files des batteries à cheval, à environ cinq pas (5 mètres) du deuxième rang des hommes à pied.

Les maréchaux-des-logis, dans les batteries à cheval, sont placés au centre des canonniers conducteurs de leurs pièces, sur l'alignement des lieutenants. Dans les batteries montées, les maréchaux-des-logis montés sont placés comme dans les batteries à cheval; ceux non montés, en serre-files, derrière leurs pièces.

Les brigadiers montés ou non montés sont à la droite de leurs pièces respectives, en première ou en deuxième ligne.

Les officiers et sous-officiers de l'état-major, les trompettes, etc., sont placés comme dans la formation du régiment de manœuvre, avec les modifications suivantes.

Le porte-étendard est au milieu de l'intervalle des sixième et septième batteries, sur l'alignement des chevaux de la première ligne; il est escorté de quatre maréchaux-des-logis et d'un brigadier, tous montés; ils sont formés sur deux rangs, le brigadier derrière le porte-étendard.

Le trésorier, l'adjoint au trésorier, les chirurgiens, le chef artificier et les vétérinaires sont placés sur un seul rang, en arrière des trompettes, à la hauteur de la deuxième ligne.

ARTICLE VIII.

DISPOSITIONS PARTICULIÈRES POUR LES REVUES OU INSPECTIONS DES OFFICIERS GÉNÉRAUX.

Dans une revue ou inspection, le lieutenant-colonel et le major se rapprochent du premier rang et se placent sur la ligne des officiers.

Le premier chef d'escadron se place sur la même ligne, à la gauche et à un pas du lieutenant-colonel.

Le deuxième chef d'escadron sur le même alignement, à un pas de la droite du premier des escadrons qu'il commande, si le régiment est formé par escadrons de manœuvre, ou de la droite de la troisième batterie, dans les autres cas de formation.

Les autres chefs d'escadrons se placent de même à la droite de leur premier escadron ou de leur première batterie.

Le colonel, après avoir fait porter les armes et commandé l'alignement, ordonne aux trompettes de sonner, et se rend vivement au devant de la personne à qui on rend les honneurs, salue du sabre, et reste à portée de recevoir ses ordres; en l'accompagnant dans sa revue, il lui cède toujours le côté de la troupe.

Lorsqu'on fait ouvrir les rangs, les officiers supérieurs et autres font face à la troupe, à six pas du premier rang (4 mètres à pied, 6 à cheval). A cet effet, ils se portent en avant et font, à pied, *demi-tour à droite;* à cheval, *demi-tour à gauche*. Les serre-files reculent également, de manière à se trouver à six pas du deuxième rang (4 mètres à pied, 6 à cheval).

L'inspection finie, lorsqu'on fait serrer les rangs, tous les officiers se remettent face en tête par un *demi-tour à droite.*

Formation de la troupe d'escorte de l'étendard.

(Pl. 2, fig. B.)

Les batteries d'un régiment, en commençant par la première, fournissent tour à tour l'escorte de l'étendard.

Elle est composée de deux pelotons.

Lorsque les pelotons sont formés de canonniers montés, ils ont le sabre à la main.

Les trompettes, formés par quatre et conduits par un adjudant, marchent à dix pas en avant du premier peloton.

Les pelotons marchent par quatre.

Le porte-étendard marche derrière les quatre dernières files du premier peloton, entre deux maréchaux-des-logis.

Le capitaine marche à quatre pas du flanc gauche, à hauteur du porte-étendard.

Ce détachement, arrivé sans bruit de trompettes, au lieu où est l'étendard, y est formé en bataille.

L'adjudant porte-étendard va chercher l'étendard.

Réception de l'étendard.

Dès que l'étendard paraît, le capitaine fait présenter les armes, les trompettes sonnent à l'*étendard.*

Après deux reprises de cette sonnerie, le capitaine fait porter les armes et rompre pour se remettre en marche, dans le même ordre où l'on est venu; les trompettes sonnent *la marche.*

Lorsque l'étendard arrive, le colonel fait porter les armes; les trompettes cessent de sonner et vont prendre, ainsi que l'escorte, leur place de bataille en passant derrière le régiment.

Le porte-étendard, accompagné de deux maréchaux-des-logis, se dirige vers le centre du régiment, parallèlement au front, et s'arrête devant le colonel, faisant face au régiment; le colonel fait alors présenter les armes et sonner à l'*étendard;* il salue du sabre. Le porte-étendard se rend ensuite à sa place de bataille, et le colonel fait porter les armes.

Les officiers supérieurs saluent du sabre lorsque l'étendard passe devant eux.

L'étendard reçoit à son départ les mêmes honneurs qu'à son arrivée, et il est reconduit au logement du colonel dans l'ordre prescrit ci-dessus.

A cheval, l'escorte est composée de la même manière et l'étendard reçoit les mêmes honneurs.

Salut de l'étendard.

Lorsque l'étendard doit rendre les honneurs, le porte-étendard salue de la manière suivante, en deux temps :

1. A quatre pas de la personne qu'on doit saluer, baisser doucement la lance en avant, en se rapprochant le plus possible de la ligne horizontale;

2. Relever doucement la lance lors-

que la personne que l'on a saluée est dépassée de quatre pas.

Salut du sabre.

Lorsque les officiers supérieurs et officiers doivent saluer, soit à cheval, soit à pied, de pied ferme ou en marchant, ils le font en quatre temps.

1. A quatre pas de la personne qu'on doit saluer, élever le sabre perpendiculairement, la pointe en haut, le tranchant à gauche, la poignée vis-à-vis et à trente-trois centimètres (1 pied) de l'épaule droite, le coude à seize centimètres (6 pouces) du corps.

2. Baisser la lame en étendant le bras de toute sa longueur, les ongles en dessus, jusqu'à ce que la pointe du sabre se trouve vers le pied.

3. Relever vivement le sabre, la pointe en haut, comme au premier temps, lorsque la personne qu'on a saluée est dépassée de quatre pas.

4. Porter le sabre à l'épaule.

TITRE II.

INSTRUCTION A PIED.

BASES PARTICULIÈRES DE L'INSTRUCTION.

L'instruction à pied de l'homme de recrue doit commencer par la connaissance des principales parties de l'armement, de l'équipement et des moyens de les entretenir.

On doit y joindre la manière de plier les effets, de les placer dans le sac, de rouler la capote, ainsi que l'ordre suivant lequel on doit démonter et remonter le mousqueton.

Manière de plier les effets et de les placer dans le sac.

1.° Le pantalon d'ordonannce plié et roulé de la longueur du sac, au fond.

2.° Les chemises roulées en portemanteau.

3.° Les guêtres blanches et celles de drap.

4.° L'aigrette, le cordon, le livret,

le col, le serre-tête, les mouchoirs pliés de la longueur du sac.

5.° Les souliers placés dans la largeur du sac, les semelles en dessus.

6.° La trousse, la brosse, la patience, la fiole à émeri, répartis dans les coins.

7.° Le linge sale dans la devanture du sac.

8.° Le bonnet de police sous la devanture.

9.° La veste ou l'habit, avec les épaulettes, roulés dans l'étui et placés sur le sac.

Manière de rouler l'habit.

Placer l'habit déplié dans son entier, la doublure en dessous; rabattre le collet, les manches à plat pliées en deux près du coude; relever les basques, plier les côtés en ramenant en dedans l'extrémité supérieure du plastron; rouler l'habit dans le sens de sa longueur, le mettre ainsi dans l'étui, placer les épaulettes aux extrémités de l'étui, le corps engagé dans les plis de l'habit, la frange en dehors, les rondelles par dessus.

La veste se pliera d'une manière analogue.

Manière de rouler la capote pour la porter sur le sac.

Plier la capote en deux, la doublure en dedans; la replier de nouveau de chaque côté, de manière à obtenir la largeur du sac; étendre la manche supérieure en long, entre les plis formés; rabattre sur lui-même le bas de la capote de sept à huit pouces, le pli dépassant la fente; rabattre de même le haut de la capote, de manière à ramener en dessus la manche inférieure; plier cette manche en deux sur le collet, dans le sens de la largeur de la capote; rouler le tout fortement, et engager la partie roulée dans l'espèce de portefeuille formé par la partie du bas rabattu.

Manière de rouler la capote pour la porter en bandoulière.

Déplier entièrement la capote, la doublure en dessous; détrousser les parements de manches, qu'on étend jusqu'au bord des côtés; retrousser le bas de la capote, le pli dépassant la fente et se terminant en pointe à chaque extrémité; rabattre de même le collet jusqu'à la doublure des manches; rouler ainsi fortement la capote, en commençant par le collet. La capote roulée, la doubler sur elle-même en réunissant les deux bouts, dont on rabat les extrémités en dedans, l'une contre l'autre, et que l'on fixe avec une petite courroie.

Manière de démonter le mousqueton.

1.° La bretelle;
2.° La baguette;
3.° Les vis de la platine;
4.° La platine;
5.° Le porte-vis (ou contre-platine);
6.° La vis de culasse;
7.° L'embouchoir;
8.° Le canon;
9.° La vis de pontet;
10.° Le pontet;
11.° La vis de sous-garde;
12.° L'écusson.

Démonter la platine.

Abattre le chien, faire une pression avec le monte-ressort sur le grand ressort de platine; ôter la vis du grand ressort et le grand ressort, la vis du ressort de gâchette (avant de la retirer entièrement, on frappe sur le cul du ressort, afin de faire sortir le pivot de son encastrement), le ressort de gâchette, la vis de gâchette, la gâchette, la vis de bride, la bride, la vis de noix, la noix (il faut la repousser avec le chasse-noix du nécessaire d'armes), le chien, la vis de batterie (on fait auparavant une pression sur le ressort de la batterie avec le monte-ressort), la batterie, la vis du ressort de batterie, le ressort de batterie, la vis du bassinet, le bassinet, la vis du chien, la mâchoire.

Le mousqueton et la platine doivent être remontés dans un ordre inverse. On doit se servir du bourre-noix pour remettre la noix en place, et mettre une goutte d'huile aux articulations.

Ces diverses instructions sont données par le brigadier chef de chambrée, sous la surveillance du maréchal-des-logis et du lieutenant de semaine.

Nota. La vis de sous-garde, l'écusson, les vis de battant de crosse, le battant de crosse, les vis de plaque et la plaque ne doivent être déplacés que lorsque la rouille ne permet pas de les nettoyer en place.

La platine et la sous-garde doivent être démontées très-rarement, et sur l'ordre d'un sous-officier seulement.

La culasse ne doit être démontée que par le maître armurier.

ÉCOLE DU CANONNIER A PIED.

1. Cette école ayant pour objet l'instruction individuelle et progressive des recrues, l'instructeur ne fait jamais exécuter un mouvement avant d'en avoir donné l'explication littérale, et il exécute le mouvement qu'il commande, afin de joindre l'exemple au principe. Il accoutume l'homme de recrue à prendre de lui-même la position démontrée, ne le touche pour la rectifier que lorsque son défaut d'intelligence l'exige, et veille à ce que tous les mouvements soient exécutés avec calme et sans précipitation.

Chacun des mouvements doit être parfaitement compris avant de faire passer à un autre. Lorsqu'ils ont été bien exécutés, en suivant la série indiquée dans chaque leçon, l'instructeur ne s'astreint plus à cet ordre; il doit, au contraire, l'intervertir, pour juger de l'intelligence des canonniers.

2. L'instructeur fait toujours reposer à la fin de chaque partie des leçons, et plus souvent s'il le juge nécessaire, surtout dans le commencement; à cet effet, il commande : REPOS.

Au commandement : REPOS le canonnier n'est plus tenu à garder l'immobilité, ni à rester en place.

Si l'instructeur ne veut que soulager l'attention du canonnier, il commande : *en place* = REPOS; à la dernière partie du commandement, qui est REPOS, le canonnier n'est plus astreint à garder l'immobilité; mais il conserve toujours l'un ou l'autre pied en place.

3. Lorsque l'instructeur veut faire recommencer le travail, il commande : GARDE A VOUS.

A ce commandement, le canonnier prend sa position, l'immobilité et fixe son attention.

PREMIÈRE LEÇON.

PREMIÈRE PARTIE.	DEUXIÈME PARTIE.
Position du canonnier à pied.	Pas ordinaire.
Tête droite, tête gauche.	Marquer le pas.
Demi-tour à gauche.	Changer le pas.
Quart d'à droite.	A droite ou à gauche en marchant.
Quart d'à gauche.	Quart d'à droite ou quart d'à gauche en marchant.
	Pas accéléré.
	Pas en arrière.

PREMIÈRE PARTIE.

4. Les premiers principes de la position et ceux de la marche sont donnés, autant que possible, homme par homme, ou au plus à quatre canonniers à la fois. Dans ce dernier cas, ils sont placés sur la même ligne, à un mètre (3 pieds) l'un de l'autre, sans exiger qu'ils s'ali-

gnent entre eux. Le canonnier est en veste et bonnet de police.

Position du canonnier à pied.

5. Les talons sur la même ligne et rapprochés autant que la conformation de l'homme le permet;

Les pieds un peu moins ouverts que l'équerre, également tournés en dehors;

Les jarrets tendus sans les roidir;

Le corps d'aplomb sur les hanches et un peu penché en avant;

Les épaules effacées et également tombantes;

Les coudes près du corps;

La paume de la main un peu tournée en dehors, le petit doigt le long de la couture du pantalon;

La tête droite sans être gênée;

Le menton rapproché du col sans le couvrir;

Les yeux fixés droit devant soi.

Quand le canonnier est en armes, il a la main gauche pendante sur le côté, par dessus le sabre.

6. *Les talons sur la même ligne:* parce que, s'il y en avait un plus reculé que l'autre, l'épaule du même côté serait en arrière.

Les pieds un peu moins ouverts que l'équerre : parce que, si les pieds étaient trop tournés en dehors, le haut du corps ne pourrait être porté en avant sans que la position devînt chancelante.

Également tournés en dehors : parce que, si un pied était plus en dehors que l'autre, l'épaule du même côté serait en arrière.

Les jarrets tendus sans les roidir : parce que, si l'homme les roidissait, il en résulterait de la gêne et de la fatigue.

Le corps d'aplomb sur les hanches : parce que c'est le seul moyen de donner à l'homme un parfait équilibre. (L'instructeur doit observer que la plupart des recrues ont la mauvaise habitude de pencher une épaule, de creuser un côté ou d'avancer une hanche.)

Le haut du corps un peu penché en avant : parce que les hommes de recrue ont l'habitude de creuser les reins, d'avancer le ventre et de renverser les épaules. Il est essentiel de prévenir ce vice de position ou de le détruire, car il met le canonnier hors de son aplomb. (Pour s'assurer qu'un canonnier a le haut du corps bien placé, il faut appuyer le doigt contre la poitrine; si sa position est bonne, il résiste à la pression.)

Les épaules effacées : parce que si l'homme avait les épaules en avant et le dos voûté, défauts ordinaires de la plupart des recrues, il ne pourrait ni s'aligner, ni manier son arme avec facilité. (Il faut observer soigneusement, en faisant effacer les épaules, de ne pas les jeter trop en arrière, ce qui ferait creuser les reins.)

Les coudes près du corps et la paume de la main un peu tournée en dehors : parce qu'il importe, soit pour la perfection du port d'armes, soit pour n'occuper dans le rang que l'espace nécessaire au maniement des armes, que le canonnier ait les coudes bien placés. Cette position des coudes et des mains remplit l'un et l'autre objet, et a de plus l'avantage de faire effacer les épaules.

La tête droite sans être gênée : parce que, si elle penchait, elle ferait abaisser les épaules du même côté, et que, s'il y avait de la roideur, elle se communiquerait à toute la partie supérieure du corps, dont elle gênerait les mouvements.

Les yeux fixés droit devant soi: parce qu'en tournant les yeux, on finit par tourner la tête du même côté; la tête directe étant le plus sûr moyen de maintenir les épaules carrément, on ne peut trop s'attacher à donner aux canonniers l'habitude de cette position.

Tête à droite, tête à gauche.

7. L'instructeur commande :

1. *Tête* = (à) DROITE.
2. FIXE.

A la dernière partie du premier commandement, qui est DROITE, tourner doucement la tête à droite, de manière que le coin de l'œil gauche, du côté du nez, corresponde à la ligne des boutons de la veste. Au commandement FIXE, replacer doucement la tête directe.

8. Le mouvement *tête à gauche* s'exécute suivant les mêmes principes, et par les moyens inverses, aux commandements :

1. *Tête* = (à) GAUCHE.
2. FIXE.

9. L'instructeur veille à ce que les mouvements de la tête n'entraînent pas les épaules, ce qui pourrait arriver si on brusquait le mouvement ou si on tournait la tête plus qu'il n'est indiqué.

Le canonnier ne devant tourner la tête que pour s'aligner et dans les mouvements de conversion, il importe de l'habituer à ne la tourner que fort peu.

A droite, à gauche, demi-tour à droite, quart d'à droite, quart d'à gauche.

10. L'instructeur commande :

1. *Canonnier à droite*, (ou *à gauche*).
2. (à) DROITE (ou [à] GAUCHE).

1 temps.

(Pl. 3, fig. A et B.)

Au deuxième commandement, qui est DROITE (ou GAUCHE), soulever légèrement le pied droit, tourner sur le talon gauche en élevant un peu la pointe du pied, et replacer de suite le talon droit à côté du gauche et sur la même ligne.

11. CANONNIER, DEMI-TOUR = (à) DROITE.

2 temps.

(Pl. 3, fig. C et D.)

1. A la première partie du commandement, qui est CANONNIER, DEMI-TOUR, faire un *demi à droite* sur le talon gauche, en portant le pied droit en équerre derrière le gauche, le cou-de-pied droit vis-à-vis et à huit centimètres (3 pouces) du talon.

2. A la dernière partie du commandement, qui est DROITE, tourner sur les deux talons pour faire face en arrière, en élevant un peu la pointe des pieds, les jarrets tendus, et rapporter le pied droit à côté du gauche.

12. 1. *Canonnier, oblique à droite* (ou *à gauche*).

2. (à) DROITE (ou [à] GAUCHE).

1 temps.

(Pl. 3, fig. E et F.)

Au deuxième commandement, qui est DROITE (ou GAUCHE), soulever légèrement le pied droit, tourner sur le talon gauche, en élevant un peu la pointe du pied, et replacer de suite le talon droit à côté du gauche et sur la même ligne, ayant l'attention de n'exécuter qu'un *quart d'à droite* ou un *quart d'à gauche*.

13. L'instructeur exige que ces mou-

vements ne dérangent pas la position du corps.

DEUXIÈME PARTIE.

Pas ordinaire.

14. La longueur du pas ordinaire est de soixante-cinq centimètres (2 pieds), mesurés d'un talon à l'autre; sa vitesse est de soixante-seize par minute.

15. Pour expliquer les principes et le mécanisme du pas, l'instructeur se place à huit ou dix pas en avant, faisant face au canonnier; lui-même exécute lentement le pas.

Il commande :

1. *Canonnier, en avant.*
2. MARCHE.

Au commandement, *canonnier, en avant*, porter le poids du corps sur la jambe droite.

Au commandement MARCHE, porter vivement et sans secousse le pied gauche en avant, à deux tiers de mètre (2 pieds) du droit, le jarret tendu, la pointe du pied un peu baissée, légèrement tournée en dehors ainsi que le genou, le haut du corps en avant; marquer dans cette position un léger temps d'arrêt; poser sans frapper le pied gauche à plat, précisément à la distance où il se trouve du pied droit, tout le poids du corps se portant sur le pied qui pose à terre; passer vivément et sans secousse la jambe droite en avant, le pied près de terre; le poser à la même distance et de la même manière qu'il vient d'être expliqué pour le pied gauche, et continuer de marcher sans que les jambes se croisent, sans que les épaules tournent, et la tête toujours directe.

16. *Le poids du corps sur la jambe droite :* pour disposer l'homme à faire plus vivement son premier pas.

La pointe du pied un peu baissée : parce que la pointe du pied baissée fait tendre le jarret et dispose le pied à poser à plat.

La pointe du pied légèrement tournée en dehors : parce que, si l'on tournait les pieds trop en dehors, le corps serait sujet à chanceler, et qu'on risquerait de s'accrocher avec les éperons.

Le haut du corps en avant : afin que le poids du corps se porte sur le pied qui pose à terre, que le pied qui est en arrière puisse se lever aisément, et que le pas ne soit pas raccourci.

Le jarret tendu : parce qu'une troupe ne pouvant, sans se gêner et se désunir, marcher comme si chaque homme était isolé, il est nécessaire que les canonniers de recrue apprennent à marcher un pas marqué et cadencé, sans quoi il n'y aurait pas d'ensemble.

Poser le pied à plat sans frapper : pour éviter le balancement du corps et le raccourcissement du pas, qui auraient lieu si le talon posait à terre le premier, ou si l'on frappait en posant le pied.

Le pied près de terre : parce que, si les canonniers levaient trop la jambe, ils perdraient du temps, se fatigueraient inutilement, et les pieds ne poseraient pas à terre en même temps.

La tête directe : parce que cette position de la tête empêche la tête de tourner, et fait que le canonnier marche carrément.

17. Pour arrêter, l'instructeur commande :

1. *Canonnier.*
2. HALTE.

Au commandement HALTE, rapporter le pied qui est en arrière à côté de l'autre, sans frapper.

L'instructeur fait le commandement HALTE à l'instant où l'un ou l'autre pied va poser à terre.

18. L'instructeur marque de temps en temps la cadence du pas par le commandement *un*, à l'instant où le canonnier lève le pied, et par celui *deux*, à l'instant où il doit le poser, en observant de régler cette cadence à raison de soixante-seize par minute. Pour juger si tous les principes sont exactement suivis, il se porte souvent à dix ou douze pas en avant, faisant face au canonnier. Quand celui-ci commence à bien soutenir le pas, on le fait marcher quelque temps sans l'arrêter, pour le confirmer dans ces principes.

Marquer le pas.

19. Le canonnier étant en marche, l'instructeur commande :

1. *Marquez le pas.*
2. MARCHE.

Au commandement MARCHE, rapporter les talons l'un à côté de l'autre, et marquer la cadence du pas, en levant alternativement chacun des pieds sans avancer.

L'instructeur fait le commandement MARCHE à l'instant où le pied va poser à terre.

20. Pour reporter le canonnier en avant, l'instructeur commande :

1. *Canonnier, en avant.*
2. MARCHE.

Au commandement MARCHE, le canonnier reprend le pas de deux tiers de mètre (2 pieds).

L'instructeur fait le commandement MARCHE à l'instant où le pied va poser à terre.

Changer le pas.

21. Le canonnier étant en marche, l'instructeur commande :

1. *Changez le pas.*
2. MARCHE.

Au commandement MARCHE, rapporter à côté du pied qui est en avant celui qui est en arrière, et repartir du pied qui était en avant.

L'instructeur fait le commandement MARCHE à l'instant où le pied va poser à terre.

Par ce moyen, on apprend au canonnier à reprendre le pas lorsqu'il l'a perdu.

A droite ou à gauche en marchant.

22. Le canonnier étant en marche, l'instructeur commande :

1. *Canonnier, à droite* (ou *à gauche*).
2. MARCHE.

Au commandement MARCHE, tourner le corps à droite dans la nouvelle direction, sans perdre la cadence du pas.

L'instructeur fait le commandement MARCHE à l'instant où le pied gauche va poser à terre.

Quand c'est *à gauche*, le commandement MARCHE se fait au moment où le pied droit arrive à terre. Par ce moyen, le canonnier entame toujours la nouvelle direction avec la jambe du côté vers lequel il tourne.

Quart d'à droite ou quart d'à gauche en marchant.

23. Le canonnier étant en marche, l'instructeur commande :

1. *Canonnier, oblique à droite* (ou *à gauche*).
2. MARCHE.

Au commandement MARCHE, le canonnier exécute un *quart d'à droite* (ou *d'à gauche*), et il se porte droit devant lui.

24. Pour faire reprendre la direction primitive, l'instructeur commande :

En = AVANT.

A la dernière partie du commandement, qui est AVANT, le canonnier exécute un *quart d'à gauche* (ou un *quart d'à droite*) et se porte droit devant lui.

Le quart d'à droite ou le quart d'à gauche se commande et s'exécute suivant les principes prescrits n.° 22.

Pas accéléré.

25. La longueur du pas accéléré est la même que celle du pas ordinaire, et sa vitesse est de cent par minute.

26. Le canonnier étant de pied ferme, l'instructeur commande :

1. *Canonnier, en avant.*
2. *Pas accéléré.*
3. MARCHE.

Au commandement MARCHE, partir vivement du pied gauche, et prendre le pas de cent par minute.

27. L'impulsion du pas accéléré disposant l'homme de recrue à ployer les jarrets et à raccourcir le pas, l'instructeur doit en régler la cadence et la mesure, et habituer le canonnier à conserver le corps d'aplomb.

28. Le canonnier est exercé, en marchant au pas accéléré, à arrêter, à marquer le pas, à se porter en avant, à changer le pas, à faire des à droite, des à gauche, des quarts d'à gauche, et à se reporter en avant, aux commandements et suivant les principes prescrits n.os 16, 17, 18, 19, 20, 21, 22, 23 et 24.

29. Le canonnier marchant au pas accéléré, pour le faire passer au pas ordinaire, l'instructeur commande ;

1. *Pas ordinaire.*
2. MARCHE.

Au commandement MARCHE, le canonnier prend le pas ordinaire.

30. Pour faire reprendre le pas accéléré, l'instructeur commande :

1. *Pas accéléré.*
2. MARCHE.

Au commandement, MARCHE, le canonnier reprend le pas accéléré.

31. Dans tous les changements de pas, l'instructeur commande MARCHE au moment où le pied va poser à terre, afin que le canonnier ait le temps de prendre de l'autre jambe le pas commandé.

Pas en arrière.

32. Le pas en arrière est de trente-trois centimètres (1 pied), mesurés d'un talon à l'autre.

33. Le canonnier étant de pied ferme, l'instructeur commande :

1. *Canonnier, en arrière.*
2. MARCHE.

Au commandement MARCHE, porter le pied gauche en arrière, à trente-trois centimètres (1 pied); retirer et porter le pied droit également en arrière, et continuer ainsi jusqu'au commandement :

1. *Canonnier.*
2. HALTE.

Au commandement HALTE, apporter le pied qui est en avant à côté de l'autre, sans frapper.

L'instructeur ne fait marcher en arrière que quelques pas seulement; il veille à ce que le canonnier se porte bien droit en arrière, ne creuse pas les reins en renversant les épaules, et conserve toujours l'aplomb et la position du corps.

DEUXIÈME LEÇON.

PREMIÈRE PARTIE.

Principes du port d'armes.

Travail de pied ferme au port d'armes et marche au port d'armes.

DEUXIÈME PARTIE.

Maniement des armes (mousqueton ou sabre).

Charge en dix temps.

Charge à volonté.

Des feux.

Position du premier rang.

Position du deuxième rang.

PREMIÈRE PARTIE.

34. Cette leçon est donnée, autant que possible, par homme ou au plus à quatre canonniers à la fois : dans ce dernier cas, ils sont placés sur un rang, à un mètre (3 pieds) l'un de l'autre.

35. Les canonniers non montés, armés du mousqueton, et les canonniers montés, armés du sabre, sont en veste, bonnet de police et giberne.[1]

Principes du port d'armes.

36. L'arme dans le bras droit et au défaut de l'épaule, le canon d'aplomb, le pontet en avant, le bras légèrement ployé, sans écarter le coude, de manière que le bout du canon dépasse l'épaule de trois centimètres (1 pouce) ; la main droite embrassant la platine, le pouce au-dessus du pontet, le premier doigt dessous, les autres

1 Dans toute réunion en armes, les canonniers servants à cheval auront le sabre au crochet, la monture en arrière et l'y placeront de la manière suivante : Saisir le premier anneau en dehors avec le pouce et les deux premiers doigts, ramener la monture en arrière en la passant près de la hanche, et engager l'anneau dans le crochet.

sous le chien, la contre-platine sur la couture du pantalon, la main gauche pendante sur le côté.

37. Le canonnier de recrue étant sujet à porter le corps en arrière, à baisser l'épaule droite, ou à trop écarter le coude, il faut quelquefois lui ôter l'arme pour rectifier sa position.

Travail de pied ferme au port d'armes, et marche au port d'armes.

38. L'instructeur fait exécuter aux canonniers non montés les mouvements de la première leçon, en veillant à ce qu'ils conservent toujours la régularité du port d'armes.

39. Les canonniers montés, ayant le sabre au côté, sont exercés de même à tous les mouvements détaillés dans la première leçon.

DEUXIÈME PARTIE.

MANIEMENT DES ARMES.

40. L'exécution de chaque commandement ou partie de commandement

forme un *temps*; mais ce *temps* se divise en *mouvements*, pour en démontrer le mécanisme et en faciliter l'exécution.

La dernière syllabe d'un commandement ou d'une partie de commandement décide l'exécution vive d'un temps d'exercice, ou du premier mouvement de ce temps, quand il est divisé. Les commandements *deux*, *trois*, etc., décident celle des autres mouvements.

Quand un temps ou un mouvement n'aura pas été exécuté correctement, l'instructeur commandera : AU TEMPS; à ce commandement, les canonniers reprendront la position du mouvement précédent.

Dès que le canonnier connaît bien les mouvements d'un temps, on lui montre à les exécuter sans s'arrêter sur chacun; mais il en observe le mécanisme, afin d'éviter les inconvénients de ce qu'on appelle *escamoter l'arme*.

L'instructeur porte une attention particulière à ce que le maniement des armes ne dérange pas la position du corps; il n'emploie à cet exercice que la moitié du temps de la leçon, et le reste à la *marche*.

Les canonniers montés sont exercés aux mouvements détaillés n.os 59, 60, 61, 62, 63, 64, 65 et 66; puis ils exécutent les mouvements de la première leçon, ayant le sabre à l'épaule : l'instructeur veille à ce que le port du sabre soit régulier.

Quand on veut faire REPOS, on fait *reposer sur les armes* et *mettre les armes à terre*; ce qui s'exécute comme il est prescrit n.° 51.

Quand on veut faire *en place* = REPOS, on fait d'abord *reposer sur les armes*; mais si les armes sont chargées, on fait mettre *l'arme au bras*.

41. Le canonnier étant au *port d'arme*, l'instructeur commande :

Reposez-vous = (SUR VOS) ARMES.

1 *temps*, 3 *mouvements*.

1. A la dernière partie du commandement, qui est ARMES, détacher l'arme avec la main droite verticalement et à onze centimètres (4 pouces) de l'épaule, la saisir en-

même temps de la main gauche à l'embouchoir.

2. Saisir l'arme avec la main droite, à huit centimètres (3 pouces) au-dessus de la main gauche.

3. Abandonner l'arme de la main gauche, qui se replace vivement sur le côté; allonger le bras droit; laisser glisser l'arme dans la main droite, jusqu'à terre, sans frapper, le talon de la crosse à cinq centimètres (2 pouces) et à hauteur de la pointe du pied droit, le coude près du corps, le canon entre le pouce et les trois premiers doigts allongés, le petit doigt derrière le canon.

Portez = (VOS) ARMES.

1 *temps*, 3 *mouvements*.

42. 1. A la dernière partie du commandement, qui est ARMES, élever l'arme avec la main droite verticalement, le bout du canon à onze centimètres (4 pouces) de l'épaule; saisir l'arme de la main gauche à l'embouchoir.

2. Descendre la main droite, la placer à la platine, le pouce au-dessus du pontet, le premier doigt dessous, les autres sous le chien.

3. Appuyer l'arme à l'épaule avec la main droite, et replacer vivement la main gauche sur le côté.

Présentez = (vos) ARMES.

1 *temps*.

43. A la dernière partie du commandement, qui est ARMES, apporter l'arme avec la main droite vis-à-vis le milieu du corps, le canon d'aplomb et le pontet en avant, l'avant-bras collé au corps sans être gêné; saisir l'arme de la main gauche, au-dessus et contre le ressort de batterie, le pouce allongé sur le bois, le poignet à hauteur du coude; la main droite quittant alors la platine, saisir la poignée, les doigts allongés.

Portez = (vos) ARMES.

1 *temps*.

44. A la dernière partie du commandement, qui est ARMES, placer la main droite à la platine, rapporter l'arme avec la main droite contre l'épaule, le canon d'aplomb, et replacer en même temps la main gauche sur le côté.

L'arme = (au) BRAS.

1 *temps*, 4 *mouvements*.

45. 1. A la dernière partie du commandement, qui est BRAS, détacher l'arme avec la main droite verticalement et à onze centimètres (4 pouces) de l'épaule, la saisir en même temps de la main gauche à l'embouchoir.

2. Élever l'arme avec les deux mains, en la tournant le canon en avant, pour la placer vis-à-vis le défaut de l'épaule gauche, la main gauche à hauteur du col, le pouce allongé; glisser la main droite jusqu'à la naissance de la crosse, dont le plat s'appuie à la hanche.

3. Placer l'avant-bras gauche sur la poitrine, le chien appuyé sur l'avant-bras, la main à plat sur le téton droit, les doigts joints, le pouce détaché.

4. Replacer vivement la main droite sur le côté.

Portez = (VOS) ARMES.

1 *temps*, 4 *mouvements*.

48. 1. A la dernière partie du commandement, qui est ARMES, saisir l'arme avec la main gauche à la naissance de la crosse.

2. Détacher l'arme de l'épaule, à onze centimètres (4 pouces); placer la main gauche à l'embouchoir, le pouce allongé, l'avant-bras contre la platine.

3. Descendre l'arme avec les deux mains, en tournant le pontet en avant; l'apporter verticalement vis-à-vis et à onze centimètres (4 pouces) de l'épaule droite, la main gauche un peu au-dessus de la hanche droite, la main droite se replaçant à la platine.

4. Appuyer l'arme à l'épaule avec la main

droite, et replacer vivement la main gauche sur le côté.

L'arme sur l'épaule = DROITE.

1 temps, 2 mouvements.

47. 1. A la dernière partie du commandement, qui est DROITE, détacher l'arme verticalement à onze centimètres (4 pouces) de l'épaule, avec la main droite, en l'élevant un peu, et la saisir de la main gauche à la poignée.

2. Ressaisir l'arme avec la main droite à la crosse, la placer sur l'épaule droite, la platine en dehors, le bout du canon en l'air, dirigé en arrière à gauche, et replacer vivement la main gauche sur le côté.

Portez = (VOS) ARMES.

1 temps, 2 mouvements.

48. 1. A la dernière partie du commandement, qui est ARMES, redresser l'arme avec la main droite, en la saisissant de la main gauche à la poignée, le pontet en avant, et la descendre verticalement, la main droite se replaçant à la platine.

2. Appuyer l'arme à l'épaule avec la main droite, et replacer vivement la main gauche sur le côté.

L'arme sous le bras = DROIT.

1 temps, 3 mouvements.

49. 1. A la dernière partie du commandement, qui est DROIT, détacher l'arme verticalement, à onze centimètres (4 pouces) de l'épaule, avec la main droite, en l'élevant un peu, et la saisir de la main gauche à la poignée.

2. Saisir l'arme avec la main droite, le petit doigt touchant le ressort de batterie, le pouce allongé sur le bois.

3. Chasser la crosse sous le bras avec la main gauche, en tournant l'arme avec la main droite, le canon en dessous, la platine au-dessus de la hanche, le bout du canon dirigé vers la terre; replacer vivement la main gauche sur le côté.

Portez = (VOS) ARMES.

1 *temps*, 3 *mouvements*.

50. 1. A la dernière partie du commandement, qui est ARMES, redresser l'arme avec la main droite, en la tournant le pontet en avant, la platine en dehors, la main droite à hauteur du téton, le pouce allongé sur le bois; la saisir de la main gauche à la hauteur de la crosse.

2. Replacer la main droite à la platine.

3. Descendre l'arme verticalement, l'appuyer à l'épaule avec la main droite, et replacer vivement la main gauche sur le côté.

Reposez-vous = (sur vos) ARMES.

Comme il est prescrit n.° 41.

L'arme = (à) TERRE.

1 *temps*, 2 *mouvements*.

51. 1. A la dernière partie du commandement, qui est TERRE, saisir le coin de la giberne avec la main gauche, tourner l'arme avec la main droite, la contre-platine en avant; courber le corps, avancer le pied gauche, le talon vis-à-vis de l'embouchoir; poser l'arme à terre, droit devant soi, le talon de la crosse restant à hauteur de la pointe du pied droit, le jarret droit un peu ployé, le talon droit levé.

2. Se relever, rapporter le pied gauche à côté du droit, et replacer les mains sur les côtés.

Relevez = (VOS ARMES).

1 *temps*, 2 *mouvements*.

52. 1. A la dernière partie du commandement, qui est ARMES, saisir le coin de la giberne avec la main gauche, courber le corps, avancer le pied gauche, le talon vis-à-vis de l'embouchoir.

2. Relever l'arme en rapportant le pied gauche à côté du droit; la tourner aussitôt avec la main droite, le pontet en avant, la main gauche se replaçant sur le côté.

53. Le canonnier étant à la position de *présentez vos armes*, l'instructeur commande :

Genou = (à) TERRE.

1 temps.

A la dernière partie du commandement, qui est TERRE, porter le pied droit en arrière, en tournant un peu la pointe du pied gauche en dedans; mettre le genou à terre à seize centimètres (6 pouces) en arrière et à droite du talon gauche, l'avant-bras gauche appuyé sur la cuisse; laisser glisser l'arme à terre sans frapper, et abandonner l'arme de la main droite, qui se place à la coiffure, le dessus de la main contre la visière, les doigts étendus et joints, le coude élevé.

Portez = (vos) ARMES.

2 temps.

54. 1. A la première partie du commandement, qui est PORTEZ, élever l'arme de la main gauche, la saisir à la poignée avec la main droite, se relever, rapporter le pied droit à côté du gauche, et reprendre la position de *présentez vos armes*.

2. A la dernière partie du commandement, qui est ARMES, porter les armes comme il est prescrit n.° 44.

55. Pour faire mettre le mousqueton en bandoulière l'instructeur commande :

Mousqueton = (en) BANDOULIÈRE.

A ce commandement, allonger la bretelle de toute sa longueur, passer l'arme par dessus la coiffure, engager le bras droit entre la bretelle et la crosse, et placer le mousqueton diagonalement de l'épaule gauche à la hanche droite.

56. Pour revenir à la première position, l'instructeur commande :

Prenez = (le) MOUSQUETON.

A ce commandement, reprendre le mousqueton, raccourcir la bretelle, et se remettre à la position du port d'armes.

57. Le canonnier étant dans la position de *présentez vos armes*, l'instructeur commande :

Haut = (les) ARMES.

1 temps.

A la dernière partie du commandement, qui est ARMES, élever l'arme avec les deux mains, en la tournant la platine en avant, la main droite tenant toujours la poignée, la main gauche ouverte, les doigts allongés sur le bois, à hauteur et à seize centimètres (6 pouces) du col, les coudes abattus.

58. Pour faire rompre ler rangs, l'instructeur commande :

Rompez vos rangs.

MARCHE.

MANIEMENT DU SABRE.

Position du premier rang.

Servants à cheval et conducteurs.	*Servants à pied.*

Sabre ≐ (à la) MAIN.

2 *temps.*

59. 1. A la première partie du commandement, qui est SABRE, incliner légèrement la tête à gauche, sans déranger la position ; décrocher le sabre et ramener la monture en avant avec la main gauche ; engager le poignet droit dans le cordon, saisir le sabre à la poignée ; dégager la lame du fourreau de 16 centimètres (6 pouces), en maintenant le fourreau	1. A la première partie du commandement, qui est SABRE, incliner legèrement la tête à gauche, sans déranger la position ; saisir la poignée avec la main droite, dégager la lame du fourreau d'environ 16 centimètres (6 pouces), en maintenant son fourreau contre la cuisse avec la main gauche, et replacer la tête directe.

contre la cuisse avec la main gauche, qui le tient au premier anneau, et replacer la tête directe.	
2. A la dernière partie du commandement, qui est MAIN, tirer vivement le sabre en élevant le bras de toute sa longueur; marquer un temps d'arrêt, le porter à l'épaule droite, la lame au défaut de l'épaule, le poignet appuyé à la hanche, le petit doigt en dehors de la poignée.	2. Comme ci-contre.

Position du deuxième rang.

Sabre = (à la) MAIN.

2 temps.

60. 1. A la première partie du commandement, qui est SABRE, comme au premier temps du n.° 59.	1. Comme au n.° 59.
2. A la dernière partie du commandement, qui est MAIN, achever de sortir la lame, marquer un temps d'arrêt, la pointe en bas; ramener la monture vis-à-vis et à hauteur de l'épaule gauche, retourner le poignet, pour remonter la lame en croix le long du bras gauche; porter le sa-	2. Comme ci-contre.

bre à l'épaule droite, la lame au défaut de l'épaule, le poignet appuyé à la hanche, le petit doigt en dehors de la poignée.	

Présentez = (le) SABRE.

1 *temps*.

61. A la dernière partie du commandement, qui est SABRE, porter le sabre en avant, le bras demi-tendu, le pouce vis-à-vis et à seize centimètres (6 pouces) du col, la lame verticale, le pouce allongé sur le côté droit de la poignée, le petit doigt se réunissant aux trois autres.	Comme ci-contre.

Portez = (le) SABRE.

1 *temps*.

62. A la dernière partie du commandement, qui est SABRE, reporter le sabre, la lame au defaut de l'épaule, le poignet appuyé à la hanche, le petit doigt en dehors de la poignée.	Comme ci-contre.

Position du premier rang.

Remettez = (le) SABRE.

2 temps.

63. 1. A la première partie du commandement, qui est REMETTEZ, exécuter le mouvement de *présentez le sabre*, n.° 61.

2. A la dernière partie du commandement, qui est SABRE, élever le poignet, le bras tendu, baisser la lame, incliner légèrement la tête à gauche, en fixant l'œil sur l'ouverture du fourreau; y remettre la lame, dégager la poignée du cordon, replacer la tête directe, la main droite sur le côté, remettre le sabre au crochet, la monture en arrière.

1. Comme ci-contre.

2. A la dernière partie du commandement, qui est SABRE, élever le poignet, le bras tendu, baisser la lame, saisir le fourreau avec la main gauche, incliner légèrement la tête à gauche, en fixant l'œil sur l'ouverture du fourreau; y remettre la lame, replacer la tête directe et les mains sur les côtés.

Position du deuxième rang.

Remettez = (le) SABRE.

2 temps.

64. 1. A la première partie du commandement, qui est REMETTEZ, exécuter le mouvement de *présentez le sabre*, n.° 61.

1. Comme ci-contre.

2. A la dernière partie du commandement, qui est SABRE, porter le poignet vis-à-vis et à seize centimètres (6 pouces) de l'épaule gauche; baisser la lame et la passer en croix le long du bras gauche, la pointe en arrière; incliner légèrement la tête à gauche, en fixant l'œil sur l'ouverture du fourreau; y remettre la lame, degager le poignet du cordon, replacer la tête directe, la main droite sur le côté, et remettre le sabre au crochet, la monture en arrière.	2. A la dernière partie du commandement, qui est SABRE, porter le poignet vis-à-vis et à seize centimètres (6 pouces) de l'épaule gauche; baisser la lame et la passer en croix le long du bras gauche, la pointe en arrière; saisir le fourreau avec la main gauche, incliner légèrement la tête à gauche, en fixant l'œil sur l'ouverture du fourreau; y remettre la lame, replacer la tête directe et les mains sur les côtés.

65. Le canonnier étant à la position de *présentez le sabre*, l'instructeur commande :

Genou = (à) TERRE.

1 *temps.*

A la dernière partie du commandement, qui est TERRE, mettre le genou droit à terre, comme il est prescrit n.° 53; baisser la pointe du sabre jusqu'à terre, le bras demi-tendu, les ongles en-dessus; placer la main à la coiffure.	Comme ci-contre.

Portez = (le) SABRE.

2 *temps*.

66. 1. A la première partie du commandement, qui est PORTEZ, se relever, rapporter le pied droit à côté du gauche, et reprendre la position de *présentez le sabre*, n.° 61.	1. Comme ci-contre.
2. A la deuxième partie du commandement, qui est SABRE, porter le sabre à l'épaule, comme il est prescrit n.° 62.	2. Comme ci-contre.

Charge en dix temps.

67. Le canonnier étant au *port d'armes*, l'instructeur commande *charge en dix temps*.

1. *Chargez* = (VOS) ARMES.

1 *temps*, 2 *mouvements*.

1. A la dernière partie du deuxième commandement, qui est ARMES, faire un *demi à droite* sur le talon gauche, en portant le pied droit en équerre derrière le gauche, le cou-de-pied droit vis-à-vis et à huit centimètres (3 pouces) du talon; détacher l'arme verticalement et à onze centimètres (4 pouces) de l'épaule avec la main droite, en l'élevant un peu, et la saisir de la main gauche à

hauteur du téton droit, le petit doigt touchant le ressort de batterie, le pouce allongé sur le bois; baisser le coude et saisir la poignée sans que le premier doigt quitte le pontet.

2. Chasser avec la main droite la crosse sous le bras, le pontet un peu en dehors, la poignée à cinq centimètres (2 pouces) au-dessous du téton droit, le coude gauche collé au corps; le bout du canon à hauteur du menton, le pouce de la main droite contre la batterie au-dessus de la pierre; les quatre doigts fermés, l'avant-bras droit le long de la crosse.

2. *Ouvrez* = (le) BASSINET.

1 *temps.*

68. A la dernière partie du commandement, qui est BASSINET, découvrir le bassinet, en poussant fortement la batterie avec le pouce de la main droite et résistant de la main gauche; retirer le coude droit en arrière, porter la main droite à la giberne et l'ouvrir.

3. *Prenez* = (la) CARTOUCHE.

1 *temps.*

69. A la dernière partie du commandement, qui est CARTOUCHE, prendre une car-

touche, la tenir entre le pouce et les deux premiers doigts et la porter entre les dents.

4. *Déchirez* = (la) CARTOUCHE.

1 *temps*.

70. A la dernière partie du commandement, qui est CARTOUCHE, déchirer la cartouche jusqu'à la poudre, la tenant près de l'ouverture entre le pouce et les deux premiers doigts; la descendre et la placer verticalement contre le bassinet, la paume de la main tournée vers le corps, le coude appuyé sur la crosse.

5. AMORCEZ.

1 *temps*, 2 *mouvements*.

71. 1. Au commandement AMORCEZ, baisser la tête, fixer les yeux sur le bassinet, le remplir de poudre, comprimer la cartouche près de l'ouverture avec le pouce et les deux premiers doigts; relever la tête et porter la main droite derrière la batterie, en appuyant les deux derniers doigts dessus.

2. Fermer fortement le bassinet avec les deux derniers doigts, en résistant de la main gauche, les deux premiers doigts et le pouce tenant toujours la cartouche; saisir l'arme à la poignée avec les deux derniers doigts et la paume de la main droite, le poignet

joint au corps, le coude en arrière et un peu détaché du corps.

6. *L'arme* = (à) GAUCHE.

1 *temps*, 2 *mouvements*.

72. 1. A la dernière partie du commandement, qui est GAUCHE, redresser l'arme avec les deux mains en étendant vivement le bras droit, passer l'arme devant le corps en la tournant dans la main gauche, la platine en dehors; faire en même temps face en tête, en tournant sur le talon gauche et portant le pied droit en avant, le talon à huit centimètres (3 pouces) du cou-de-pied gauche.

2. Abandonner l'arme de la main droite, la descendre avec la gauche le long et près du corps, l'avant-bras appuyé au-dessus de la hanche, la main gauche touchant le ressort de batterie, le pontet touchant la cuisse gauche, le bout du canon dans la direction de l'œil droit, à seize centimètres (6 pouces) du corps; saisir l'arme avec les deux derniers doigts de la main droite à trois centimètres (1 pouce) de la bouche du canon, les deux premiers doigts et le pouce contenant toujours la cartouche.

7. *Cartouche* = (dans le) CANON.

1 *temps*.

73. A la dernière partie du commandement, qui est CANON, fixer l'œil sur le bout du canon, renverser la main droite vers le corps en élevant le coude à hauteur du poignet, et verser la poudre dans le canon; secouer la cartouche, l'enfoncer avec le premier doigt, et laisser la main renversée, les doigts joints et allongés.

8. *Tirez* = (la) BAGUETTE.

1 temps, 2 mouvements.

74. 1. A la dernière partie du commandement, qui est BAGUETTE, saisir la baguette par le gros bout avec le pouce et le premier doigt, le poignet toujours renversé; la dégager du canal jusqu'à la bouche du canon, glisser la main droite le long de la baguette, la saisir près de l'embouchoir, achever de la tirer en allongeant vivement le bras droit, la saisir à pleine main, retourner le poignet et engager la baguette dans le canon jusqu'à la main.

2. Remonter la main droite en glissant le pouce le long de la baguette, pour la saisir par le petit bout avec le pouce et le premier doigt ployé, les autres fermés, et l'enfoncer jusqu'au fond du canon.

9. BOURREZ.

1 temps, 2 mouvements.

75. 1. Au commandement BOURREZ, chasser la baguette trois fois de suite dans le canon, les doigts en dessous et fermés, le coude détaché du corps.

2. Tirer vivement la baguette hors du canon, la saisir par le milieu à pleine main, renverser le poignet, engager la baguette dans le canal, achever de l'enfoncer en plaçant la paume de la main sur le gros bout, et ressaisir le canon avec la main droite, le pouce allongé à trois centimètres (1 pouce) de la bouche.

10. *Portez* = (VOS) ARMES.

1 temps, 2 mouvements.

76. 1. A la dernière partie du commandement, qui est ARMES, élever l'arme verticalement avec la main gauche en la tournant, le canon à onze centimètres (4 pouces) et vis-à-vis l'épaule droite, la main gauche à hauteur de la hanche; replacer la main droite à la platine et rapporter le pied droit à côté du gauche.

2. Appuyer l'arme à l'épaule avec la main droite et replacer vivement la main gauche sur le côté.

Charge à volonté.

77. Les canonniers exécutant bien la

charge en dix temps, sont exercés à la *charge à volonté;* l'instructeur commande : *Charge à volonté.*

Chargez = (vos) ARMES.

A la dernière partie du commandement, qui est ARMES, exécuter les dix temps de la charge sans s'arrêter sur aucun et sans s'attendre les uns les autres.

L'instructeur doit exiger que les canonniers chargent les armes avec calme et sans précipitation; qu'ils conservent bien la position du corps en passant exactement par tous les mouvements, notamment par ceux *d'amorcer, mettre la cartouche dans le canon* et *bourrer.*

DES FEUX.

78. L'instructeur doit toujours se placer derrière la troupe pour commander les feux; les canonniers sont au port d'armes.

Position du premier rang.

L'instructeur commande :

Apprêtez = (vos) ARMES.

1 *temps*, 2 *mouvements.*

(Pl. 4, fig. A.)

1. A la dernière partie du commandement, qui est ARMES, faire un *demi à droite* sur le talon gauche, en portant le pied droit en équerre derrière le gauche, le cou-de-pied droit vis-à-vis et à huit centimètres (3 pouces) du talon; détacher l'arme avec la main droite verticalement et à onze centimètres (4 pouc.) de l'épaule; la saisir de la main gauche, le petit doigt touchant le ressort de batterie, le pouce sur le canon; l'élever avec les deux mains, la gauche à hauteur du col; placer le pouce de la main droite sur la tête du chien, le premier doigt sur le pontet, les autres dessous, le coude à hauteur de la main.

2. Armer en fermant vivement le coude droit, et saisir l'arme à la poignée.

(En) JOUE.

1 temps.

79. Au commandement JOUE, abaisser vivement le bout du canon, glisser la main gauche jusqu'à l'embouchoir, tenant l'arme avec le pouce et le premier doigt de cette main, les autres fermés; appuyer la crosse contre l'épaule, le bout du canon un peu baissé, les coudes abattus sans être serrés au corps; baisser la tête sur la crosse, fermer l'œil gauche, diriger l'œil droit le long du canon pour ajuster, et placer le premier doigt de la main droite sur la détente.

Si on veut faire redresser les armes avant de faire feu, l'instructeur commande :

Redressez = (VOS) ARMES.

1 *temps.*

80. A la dernière partie du commandement, qui est ARMES, retirer le doigt de dessus la détente, redresser vivement l'arme et reprendre la position du deuxième mouvement d'*apprêtez vos armes*, n.° 78.

81. Si, après avoir fait apprêter ou redresser les armes, on veut les faire porter sans faire feu, l'instructeur commande :

Portez = (VOS) ARMES.

2 *temps.*

1. A la première partie du commandement, qui est PORTEZ, placer le pouce de la main droite croisé sur la tête du chien, le premier doigt sur la détente, les autres sur le pontet; tirer la tête du chien en arrière; appuyer le premier doigt sur la détente pour désarmer, en soutenant le chien avec le pouce; l'amener en avant jusqu'à ce que la pierre touche la batterie, et l'assurer dans le cran du repos.

2. A la dernière partie du commandement, qui est ARMES, descendre l'arme avec les deux mains, la droite se replaçant à la platine; appuyer l'arme à l'épaule, replacer la main gauche sur le côté, faire face en tête et rapporter le pied droit à côté du gauche.

82. Le canonnier étant *en joue*, si l'on veut faire feu, l'instructeur commande :

FEU.

1 temps.

Au commandement FEU, appuyer le premier doigt sur la détente et faire feu sans baisser davantage la tête ni la détourner, et rester dans cette position.

83. Si après avoir fait feu on ne veut pas faire charger les armes, l'instructeur commande :

Portez = (VOS) ARMES.

2 temps.

1. A la première partie du commandement, qui est PORTEZ, retirer vivement l'arme et la placer la crosse sous le bras droit, en rapportant la main gauche contre le ressort de batterie, le pontet un peu en dehors, la poignée à cinq centimètres (2 pouces) au-dessous du téton droit, le coude gauche collé au corps,

le bout du canon à hauteur du menton; placer le pouce de la main droite sur le chien, le premier doigt sur la détente, les autres derrière le pontet; mettre le chien au repos, en prenant garde de ne pas l'armer; fermer le bassinet et saisir l'arme à la poignée.

2. A la dernière partie du commandement, qui est ARMES, porter l'arme en faisant face en tête, et replacer vivement la main gauche sur le côté.

84. Si après avoir fait feu on veut faire charger les armes, l'instructeur commande :

CHARGEZ.

1 *temps*.

Au commandement CHARGEZ, retirer vivement l'arme et la placer la crosse sous le bras droit, en rapportant la main gauche contre le ressort de batterie, le pontet un peu en-dehors, la poignée à cinq centimètres (2 pouces) au-dessous du téton droit, le coude gauche collé au corps, le bout du canon à hauteur du menton; mettre le chien au repos, exécuter la *charge à volonté*, et porter l'arme en faisant face en tête.

Position du deuxième rang.

85. L'instructeur commande :

Apprêtez = (vos) ARMES.

1 *temps*, 2 *mouvements*.

(Pl. 4, fig. A.)

1. A la dernière partie du commandement, qui est ARMES, exécuter le premier mouvement d'*apprêtez vos armes*, n.° 78; déboiter en même temps, en portant le pied droit à seize centimètres (6 pouces) sur la droite, et rapporter le pied gauche à huit centimètres (3 pouces) en avant du cou-de-pied droit, pour être placé vis-à-vis du créneau à droite de son chef de file.

2. Exécuter le deuxième mouvement d'*apprêtez vos armes*, n.° 78.

(En) JOUE.

1 *temps*.

(Pl. 4, fig. B.)

86. Au commandement JOUE :

Porter le pied gauche à seize centimètres (6 pouces) en avant, le jarret droit tendu; abaisser vivement le bout du canon, de manière qu'il dépasse le premier rang; appuyer la crosse contre l'épaule droite, exécuter le reste du mouvement comme il est prescrit n.° 79.

Redressez = (vos) ARMES.

1 *temps*.

87. Comme il est prescrit n.° 80, en restant vis-à-vis du créneau et rapportant le pied gauche à huit centimètres (3 pouces) du cou-de-pied droit.

Portez = (vos) ARMES.

2 *temps.*

88. 1. A la première partie du commandement, qui est PORTEZ, exécuter le premier mouvement de *portez vos armes*, n.° 81.

2. A la dernière partie du commandement, qui est ARMES, descendre l'arme avec les deux mains, la droite se replaçant à la platine; appuyer l'arme à l'épaule; replacer vivement la main gauche sur le côté; revenir en même temps derrière son chef de file, en portant le pied gauche à seize centimètres (6 pouces) sur la gauche; faire face en tête et rapporter le pied droit à côté du gauche.

89. Le canonnier étant *en joue*, si l'on veut faire feu, l'instructeur commande :

FEU.

Comme il est prescrit n.° 82.

90. Si après avoir fait feu on ne veut pas faire charger les armes, l'instructeur commande :

Portez = (vos) ARMES.

2 *temps.*

1. A la première partie du commandement, qui est PORTEZ, exécuter le premier mouvement de *portez vos armes*, n.° 83.

2. A la dernière partie du commandement, qui est ARMES, exécuter le deuxième mouvement de *portez vos armes*, n.° 88.

91. Si après avoir fait feu l'instructeur veut faire charger les armes, il commande :

CHARGEZ.

Au commandement CHARGEZ, retirer vivement l'arme et la placer la crosse sous le bras droit, en rapportant la main gauche contre le ressort de batterie, le pontet un peu en dehors, la poignée à cinq centimètres (2 pouces) au-dessous du téton droit, le coude gauche collé au corps, le bout du canon à hauteur du menton; mettre le chien au repos; rapporter en même temps le pied gauche à huit centimètres (3 pouces) du cou-de-pied droit; exécuter la *charge à volonté*; porter l'arme en faisant face en tête, et se replacer derrière son chef de file.

TROISIÈME LEÇON.

PREMIÈRE PARTIE.	DEUXIÈME PARTIE.
Maniement du mousqueton, les canonniers ayant le sabre.	Marche aux différents pas avec les armes.
Inspection des armes.	Tir à la cible.

PREMIÈRE PARTIE.

92. On réunit, pour cette leçon, de huit à douze canonniers. Ils sont en veste, shako, giberne; ils ont le mousqueton et le sabre, et sont placés sur un rang, à un mètre (3 pieds) l'un de l'autre.

Maniement du mousqueton, les canonniers ayant le sabre.

93. Les canonniers non montés, ayant le sabre, sont exercés au maniement du mousqueton, suivant les principes détaillés à la deuxième partie de la deuxième leçon; on leur fait mettre ensuite le mousqueton en bandoulière, et on leur apprend à mettre le sabre à la main, à présenter le sabre et à le remettre.

Inspection des armes.

94. Les canonniers étant au *port d'armes*, l'instructeur commande :

Inspection = (du) MOUSQUETON.

1 *temps*, 5 *mouvements*.

1. A la dernière partie du commandement, qui est MOUSQUETON, détacher l'arme verticalement, à onze centimètres (4 pouces) de l'épaule, avec la main droite, en l'élevant un peu; la saisir avec la main gauche, le petit doigt touchant le ressort de batterie; passer l'arme près du corps, prendre la position du deuxième mouvement de *l'arme à gauche*, n.° 72, les talons restant sur la même ligne.

2. Tirer la baguette comme il est prescrit n.° 74, la laisser glisser dans le canon, et prendre la position du *port d'armes*, n.° 76.

3. Détacher l'arme verticalement à onze centimètres (4 pouces) de l'épaule, avec la main droite, en l'élevant un peu; la saisir avec la main gauche, le petit doigt touchant le ressort de batterie, le pouce allongé sur le bois; abandonner l'arme de la main droite, qui se replace sur le côté; la porter avec la main gauche, en tournant la platine en dehors, vis-à-vis de l'épaule gauche, la main à hauteur de l'épaule, le coude abattu vers la crosse.

4. Descendre l'arme avec la main gauche; prendre la position du deuxième mouvement de l'*arme à gauche*, n.° 72; remettre la baguette comme il est prescrit au deuxième mouvement du n.° 75.

5. Porter les armes comme il est prescrit n.° 76.

95. Les canonniers ayant le sabre à la main, l'instructeur commande:

Inspection = (du) SABRE.

1 *temps*, 3 *mouvements*.

1. A la dernière partie du commandement, qui est SABRE, exécuter le mouvement de *présentez le sabre*.

2. Tourner le poignet en dedans, pour montrer l'autre côté de la lame.

3. Porter le sabre à l'épaule droite, la lame au défaut de l'épaule, le poignet appuyé à la hanche, le petit doigt en dehors de la poignée.

96. Les canonniers étant au port d'armes, l'instructeur commande:

Inspection = (des) ARMES.

A la dernière partie du commandement, qui est ARMES, les canonniers armés du mousqueton exécutent les premier et deuxième mouvements de l'*inspection du mousqueton*, n.° 94. Les canonniers armés du sabre ne bougent pas. A mesure que l'instructeur passe, les canonniers armés du mousqueton exécutent le troisième mouvement de l'*inspection du mousqueton*, n.° 94, et ceux armés du sabre, les premier et deuxième mouvements de l'*inspection du sabre*, n.° 95.

L'instructeur prend l'arme pour l'examiner, s'il le juge à propos, sans que le canonnier la porte en avant pour la lui présenter.

Dès que l'instructeur a dépassé de deux hommes, les canonniers armés du mousqueton exécutent les quatrième et cinquième mouvements de l'*inspection du mousqueton*, n.° 94, et ceux armés du sabre, le troisième mouvement de l'*inspection du sabre*, n.° 95.[1]

DEUXIÈME PARTIE.

97. On réunit le même nombre d'hommes, placés sur un seul rang sans intervalle; leur tenue est la même que dans la première partie.

1 Si, après l'inspection du mousqueton, on veut inspecter les sabres des canonniers non montés, on fait d'abord mettre le mousqueton en bandoulière, n.° 55, puis on passe l'inspection du sabre, comme il a été prescrit n.° 95.

Marche aux différents pas avec les armes.

98. Les canonniers non montés, ayant leurs armes, sont exercés aux différents pas et aux mouvements détaillés dans la deuxième partie de la première leçon, et en outre à mettre l'arme au bras[1], l'arme sur l'épaule droite, et à la porter en marchant, ainsi qu'à faire feu avec des cartouches à poudre.

Les canonniers montés sont exercés à mettre le sabre à la main, et à le remettre dans le fourreau, en marchant.

99. L'instructeur fera souvent marcher au port d'armes, au port du sabre, et veillera avec attention à la bonne position des armes ainsi qu'à celle du corps.

100. Toutes les fois que les canonniers ont la main gauche pendante sur le côté, ils maintiennent le fourreau du sabre avec cette main; les servants à cheval, lorsqu'ils ont le sabre à la

1 L'arme au bras étant une position fort gênante pendant la marche, on ne fera exécuter ce mouvement que rarement.

main, soutiennent le fourreau par le premier anneau.

101. Quand on veut faire exécuter un demi-tour par canonnier, l'instructeur fait auparavant porter les armes.

102. Toutes les fois qu'on commande HALTE, les canonniers armés du mousqueton portent vivement l'arme.

103. Lorsqu'on exécute les feux à poudre, l'instructeur recommande aux canonniers d'observer, en mettant le chien au repos, si la fumée sort par la lumière, ce qui indique que le coup est parti : si la fumée ne sort pas, le canonnier, au lieu de recharger, passe derrière le rang, tenant son arme le bout en l'air; il fait face en arrière, pour épingler et amorcer de nouveau.

Si le canonnier, croyant le coup parti, a mis une seconde charge dans son arme, il doit, en bourrant, s'en apercevoir par la hauteur de la charge.

L'instructeur fait toujours l'inspection des armes après les feux à poudre, afin de s'assurer si quelque canonnier n'a pas fait la faute de mettre plus d'une cartouche dans son mousqueton. Il veille aussi à ce que le canonnier, en mettant le chien au repos, ne réarme pas son mousqueton par trop de précipitation.

Tir à la cible.

104. Les instructeurs doivent posséder des notions exactes sur la théorie du tir, afin d'apprendre aux canonniers à faire usage de leurs armes à feu de la manière la plus avantageuse.

On considère dans le tir des armes à feu trois espèces de lignes.

(Pl. 4, fig. C.)

La *ligne de mire* (AB) est le rayon visuel qui, passant par les points les plus élevés du tonnerre et du devant du canon, est dirigée vers l'objet qu'on veut atteindre.

La *ligne du tir* (CD) est l'axe ou le milieu du canon; cette ligne représente la direction dans laquelle la balle est chassée hors du canon.

La *trajectoire* (CEFG) est la courbe que la balle suit réellement, parce que la pesanteur l'oblige à s'abaisser continuellement par rapport à la ligne de tir; et à s'éloigner de plus en plus de cette ligne, qui est la direction primitive.

Par la construction des canons, en général, la ligne de mire et celle de tir forment entre elles, au-delà de la bouche du canon, un angle (AOC) plus ou moins ouvert, suivant l'épaisseur à la culasse et celle à l'extrémité opposée. La balle, à la sortie du canon, coupe d'abord (en E) la ligne de mire à peu de distance de la bouche, passe au-dessus de cette ligne, s'en rapproche ensuite, la coupe une seconde fois (en G), et achève de décrire sa trajectoire jusqu'à sa chute. Le second point d'intersection s'appelle *but en blanc*. On entend par *portée de but en blanc*, la distance de ce point à la bouche du canon, lorsque la ligne de mire est horizontale.

Dans le mousqueton d'artillerie, l'épaisseur de l'embouchoir empêche de diriger un rayon visuel par les points les plus élevés du tonnerre et de la bouche du canon; mais on peut faire passer la ligne de mire sur l'embouchoir et sur l'extrémité du canon. Ces deux points étant très-rapprochés et la différence de l'épaisseur assez marquée, l'angle que font entre elles les lignes de mire et de tir est plus ouvert que dans les armes plus longues, et le but en blanc est porté à une plus grande distance : cette distance est de deux cents mètres (100 toises) environ. Ainsi, toutes les fois que le point que l'on veut frapper se trouve entre les deux points où la trajectoire rencontre la ligne de mire, il faut viser au-dessous; il faut viser au-dessus quand il se trouve au-delà du but en blanc.

Pour habituer les canonniers à tirer juste, on les exerce à la cible. Le tir a lieu successivement aux distances de 70 et 150 mètres. Ces deux distances étant inférieures à celle du but en blanc, on devrait, pour les deux, diriger la ligne de mire au-dessous du but; mais à la première distance, la trajectoire s'écartant peu de la ligne de mire, il suffira de viser directement le but; à la seconde, on visera 45 centimètres au-dessous.

La cible sera un rectangle en planches d'un mètre 78 centimètres de hauteur sur 57 centimètres de largeur; le milieu sera marqué par une bande noire horizontale de 8 centimètres de largeur; une autre bande semblable sera tracée à 45 centimètres au-dessous de la première. On tracera en outre un cercle de 25 centimètres de rayon, ayant pour centre le milieu de la cible. Ce cercle sera entièrement peint en noir.

Les canonniers étant réunis, l'instructeur les fait porter successivement au point d'où l'on doit tirer; il se place toujours à côté du canonnier qu'il exerce, pour lui expliquer comment il doit ajuster pour frapper le but. Le même canonnier tire trois fois de suite à la même distance, afin de pouvoir mieux faire l'application des principes.

L'instructeur recommande aux tireurs d'appuyer solidement la crosse contre l'épaule droite, dans la position d'*en joue*; de bien soutenir l'arme dans la main gauche; de s'accoutumer à aligner promptement sur la bande les deux points par lesquels doit passer la ligne de mire; enfin d'appuyer graduellement le premier doigt sur la détente pour faire feu, sans remuer la tête ni déranger la direction de l'arme.

Le tir au pistolet aura lieu sur la même cible, à la distance de 30 mètres. Les coups de cette arme, pour avoir quelque effet, devant être tirés à une très-petite distance, le canonnier doit toujours viser directement au point qu'il veut frapper.

Dans la position d'*en joue*, les canonniers doivent conserver le bras demi-tendu et ne pas serrer les doigts; de cette manière, on diminue le tremblement de la main : il faut aussi appuyer sur la détente progressivement et sans secousse, afin de ne pas déranger la direction de l'arme.

Les résultats du tir à la cible sont consignés sur un état particulier.

On a soin de faire ramasser les balles que l'on peut retrouver, afin de les refondre.

ÉCOLE DU PELOTON A PIED.

ARTICLE I.er

105. Les canonniers qui composent le peloton sont en veste, shako et armés (ceux des batteries à cheval ont le sabre au crochet).

Le peloton est composé de vingt-quatre ou trente-deux hommes (12 ou 16 files), y compris quatre brigadiers placés aux ailes de chaque rang; un sous-officier est placé en serre-file à un pas en arrière du centre; un autre sous-officier, sous le nom de *sous-instructeur*, est chargé de seconder l'instructeur.

Lorsqu'on rompt le peloton pour marcher en colonne, le sous-instructeur, au commandement préparatoire, se porte à un pas (2/3 de mètre) en avant des premières files; le serre-file se porte sur le flanc opposé au guide, et à hauteur du centre de la colonne. Dans toutes les formations et marches en bataille, le sous-instructeur se tient à un pas (2/3 de mètre) en avant du centre du peloton, pour y tenir la place du chef de peloton, l'instructeur devant être libre de ses mouvements afin de mieux surveiller l'instruction.

Le serre-file conserve sa place de bataille.

Les canonniers règlent leur pas sur celui du sous-instructeur; le serre-file y veille attentivement.

Chaque mouvement est exécuté d'abord au *pas ordinaire*, ensuite au *pas accéléré*.

Tous les mouvements sont exécutés sur deux rangs, excepté la marche en colonne par un et les conversions, qui le sont d'abord par rang.

Tous les mouvements de rupture et de formation sont, en outre, exécutés de pied ferme, et en les décomposant, pour en faire mieux comprendre le mécanisme.

L'instructeur fait chaque jour changer les canonniers de rang, et met au deuxième ceux qui, la veille, étaient au premier, afin de leur donner une égale habitude des deux rangs.

Chaque mouvement, après avoir été correctement exécuté par la droite, doit être répété par la gauche.

L'instructeur fait toujours compter par quatre, dès que le peloton est formé. Pendant le travail, on ne fait plus recompter; mais si quelque canonnier change de place, on lui indique son nouveau numéro, et si un canonnier du premier rang vient à manquer, il est remplacé par un du deuxième, dont la place reste vide.

Principes généraux d'alignement;
Alignement successif des files dans le peloton;
Alignement du peloton;
Ouvrir et serrer les rangs;
Faire reculer le peloton;
Marche directe en colonne par le flanc; } sur un et deux rangs.
Changement de direction; } sur un et deux rangs.
Marche oblique individuelle; } sur un et deux rangs.
Le peloton marchant par le flanc, le former en avant ou sur la droite en bataille;
Former le peloton à gauche sur un rang;
Former le peloton à droite sur deux rangs;
Maniement des armes.

106. Le peloton étant formé sur deux rangs serrés, les canonniers au *port d'armes*, l'instructeur commande :

Dans chaque rang = COMPTEZ-VOUS (par) QUATRE.

A la dernière partie du commandement, qui est QUATRE, les canonniers se comptent dans chaque rang, de la droite à la gauche, en prononçant à haute et intelligible voix, sur le même ton, sans se presser et sans tourner la tête : *un*, *deux*, *trois*, *quatre*, suivant la place que chacun occupe.

Principes généraux d'alignement.

107. Les canonniers, pour s'aligner, doivent accorder leurs épaules sur celles de leurs voisins du côté de l'alignement, et fixer les yeux sur la ligne des yeux, de manière à apercevoir la poitrine du deuxième canonnier de leur rang du même côté : à cet effet, ils doivent tourner la tête, sans cesser de rester carrément dans le rang, et sentir légèrement du coude le coude de leur voisin du côté de l'alignement.

Les canonniers du deuxième rang, indépendamment de l'alignement, doivent être exactement derrière leurs chefs de file, ayant soin de conserver trente-trois centimètres (1 pied) de distance, mesurés des épaules des hommes du premier rang à la poitrine des hommes du deuxième rang.

Alignement successif des files dans le peloton.

108. Avant de commander l'alignement, on fait toujours porter les armes.

L'instructeur fait porter les deux files de droite ou de gauche à trois pas (2 mètres) en avant, et les aligne parallèlement au peloton, par les commandements : 1. *deux files de droite* (ou *de gauche*) *en avant*; 2. MARCHE; 3. HALTE; 4. *à droite* (ou *à gauche*) = ALIGNEMENT; 5. FIXE.

Ensuite il commande :

1. *Par file* = *à droite* (ou *à gauche*) = ALIGNEMENT.
2. FIXE.

(Pl. 5, fig. A.)

A la dernière partie du premier commandement, qui est ALIGNEMENT, chaque file se porte successivement en avant, sans à-coup; les canonniers tournant la tête à droite ou à gauche, en raccourcissant les derniers pas, afin d'arriver à hauteur des files déjà formées, sans dépasser l'alignement, observant de conserver la tête à droite ou à gauche jusqu'au commandement FIXE. Chaque file exécute le même mouvement, lorsque celle qui la précède est arrivée à hauteur de la base d'alignement, de manière qu'il n'y ait jamais qu'une file qui s'aligne à la fois.

Au commandement FIXE, replacer la tête directe.

L'instructeur fait le commandement FIXE lorsque la dernière file est alignée.

(Pl. 5, fig. B.)

109. Les canonniers exécutant correctement ces alignements, on répète cette instruction en donnant aux deux files de droite une direction oblique. A cet effet, l'instructeur ayant fait porter ces files à deux pas (1 mètre 1/3) en avant, comme il a été prescrit, leur fait exécuter un *demi à droite* ou un *demi à gauche*, et marcher ensuite deux pas dans cette nouvelle direction.

Le peloton se trouvant ainsi démasqué, le reste du mouvement s'exécute par les commandements et suivant les principes prescrits n.° 107; chaque file, lorsqu'elle est près d'arriver vis-à-vis de la place qu'elle doit occuper, exécute un *demi à droite* ou un *demi à gauche*, afin qu'ayant quitté le peloton par une ligne droite, elle arrive sur le nouvel alignement par une autre ligne droite.

110. L'instructeur fait ensuite reculer de trois pas (1 mètre)[1] les deux files de droite ou de gauche, et les aligne parallèlement au peloton vis-à vis de la place qu'elles y occupaient, par les commandements : 1. *deux files de droite* (ou *de gauche*) *en arrière*; 2. MARCHE; 3. HALTE; 4. *à droite* (ou *à gauche*) = ALIGNEMENT; 5. FIXE.

Ensuite il commande :

1. *Par file = en arrière à droite* (ou *à gauche*) = ALIGNEMENT.
2. FIXE.

(Pl. 5, fig. C.)

A la dernière partie du premier commandement, qui est ALIGNEMENT, chaque file re-

1 Le pas en arrière n'est que d'un pied.

cule successivement bien droit, les canonniers tournant la tête à droite ou à gauche et dépassant un peu en arrière les files déjà formées, afin de se reporter ensuite à leur hauteur par un mouvement en avant, ce qui rend l'alignement plus facile.

Les canonniers du premier rang reculent lentement; les canonniers du deuxième rang se règlent sur leur chef de file, afin de conserver toujours leur distance pendant le mouvement.

Au commandement FIXE, replacer la tête directe.

L'alignement en arrière donne le moyen de réparer une faute en rentrant dans l'alignement, lorsqu'il a été dépassé; mais il est de principe de l'éviter autant que possible.

111. L'instructeur fait ensuite aligner par deux (ou par quatre); à cet effet, il fait porter en avant les deux ou les quatre files de droite, comme il a été prescrit, et il commande :

1. *Par deux files* (ou *par quatre files*) *à droite* (ou *à gauche*) = ALIGNEMENT.
2. FIXE.

A la dernière partie du premier commandement, qui est ALIGNEMENT, les files s'alignent successivement par deux (ou par quatre), suivant les principes prescrits pour s'aligner par un, ayant de plus l'attention de partir ensemble et d'arriver sur l'alignement sans se désunir.

Au commandement FIXE, replacer la tête directe.

112. L'instructeur veille à ce que les canonniers s'alignent sur la poitrine du deuxième homme qui les précède, et non sur l'extrémité du rang; à ce qu'ils ne soient ni serrés ni ouverts, et enfin à ce que ceux du deuxième rang soient exactement derrière leurs chefs de file.

Il habitue aussi les canonniers à juger promptement de leur alignement.

113. Pendant l'alignement, l'instructeur se place en face des canonniers pour s'assurer qu'ils exécutent l'alignement d'après les principes prescrits. Pour l'alignement successif des files dans le peloton, le sous-instructeur est placé perpendiculairement au flanc de la troupe, faisant face à gauche, si l'alignement est à droite, et faisant face à

droite, si l'alignement est à gauche. Il veille à ce que les canonniers s'arrêtent juste à la même hauteur, et il rectifie l'alignement à voix basse. Au commandement FIXE, il reprend sa place devant le peloton.

Alignement du peloton.

114. Le peloton étant en bataille, l'instructeur place le brigadier de l'aile sur laquelle il veut aligner de manière qu'aucun canonnier ne soit forcé de reculer, et il commande

1. *A droite* (ou *à gauche*) = ALIGNEMENT.
2. FIXE.

A la deuxième partie du commandement, qui est ALIGNEMENT, tous les canonniers s'alignent promptement, mais sans à-coup, ayant l'attention de ne pas se serrer.

Au commandement FIXE, replacer la tête directe.

115. Dans tous les alignements, on doit habituer le brigadier de l'aile opposée à s'aligner promptement sur celui de l'alignement, sans avoir égard à l'alignement individuel des canonniers.

Ouvrir et serrer les rangs.

116. Pour faire ouvrir et serrer les rangs, l'instructeur commande :

1. *En arrière, ouvrez vos rangs.*
2. MARCHE.
3. *A droite* = ALIGNEMENT.
4. FIXE.

(Pl. 5, fig. D.)

Au commandement MARCHE, le premier rang reste immobile, le deuxième recule de douze pas (4 mètres)[1], chaque canonnier conservant la direction de son chef de file : le serre-file recule de manière à se trouver à six pas (4 mètres) du deuxième rang. Le sous-instructeur se porte à six pas (4 mètres) en avant, et fait face à la troupe par un *demi-tour à droite.*

Au commandement *à droite* = ALIGNEMENT, les canonniers du deuxième rang s'alignent à droite.

Au commandement FIXE, replacer la tête directe.

1 Le pas en arrière n'est que d'un pied.

117. Pour faire serrer les rangs, l'instructeur commande :

1. *Serrez vos rangs.*
2. MARCHE.
3. *A droite* = ALIGNEMENT.
4. FIXE.

(Pl. 5, fig. E.)

Au commandement MARCHE, le deuxième rang serre sur le premier, à un tiers de mètre (1 pied) de distance, chaque canonnier ayant soin de conserver la direction de son chef de file ; le sous-instructeur reprend sa place au centre du peloton par un *demi-tour à droite*, et le serre-file se remet à sa distance. Au commandement *à droite* = ALIGNEMENT, les canonniers s'alignent à droite. Au commandement FIXE, replacer la tête directe.

Avant de faire ouvrir ou serrer les rangs, on fait toujours porter les armes.

Faire reculer le peloton.

118. Le peloton étant de pied ferme, l'instructeur commande :

1. *Peloton en arrière.*
2. *Guide à droite* (ou *à gauche*).
3. MARCHE.

Au commandement MARCHE, tous les canonniers reculent à la fois, suivant les principes prescrits n.° 33, se réglant du côté du guide.

Marche directe en colonne par un.

119. Chaque rang est exercé d'abord séparément à la marche en colonne par un. A cet effet, les rangs étant ouverts, l'instructeur fait commander le deuxième rang par le sous-instructeur et commande lui-même le premier.

On commande :

1. *Canonniers à droite* (ou *à gauche*).
2. (à) DROITE (ou [à] GAUCHE).

Comme il est prescrit au n.° 10.

On commande ensuite :

1. *Colonne en avant.*
2. MARCHE.

(Pl. 6, fig. A.)

Au commandement MARCHE, tous les canonniers partent ensemble du pied gauche. Chaque canonnier se maintient, autant que possible, à la même distance de celui qui le précède, et exactement derrière lui, de manière que sa tête lui cache celles des canonniers qui sont en avant. Les canonniers doivent avoir la tête directe et ne pas regarder les pieds de celui qui précède, afin de conserver les distances ; ils doivent maintenir les épaules carrément dans la direction, ne pas tourner les pieds trop en dehors, et marcher sans se balancer.

120. La colonne étant en marche, pour l'arrêter on commande :

1. *Colonne.*
2. Halte.

Au commandement *colonne*, le canonnier qui est en tête marque le pas, et chacun serre à sa distance.

Au commandement halte, toute la colonne arrête et personne ne bouge plus.

L'instructeur veille à ce qu'en reprenant leur distance, les canonniers ne se serrent pas trop.

121. Pour remettre les canonniers face en tête, on commande :

1. Front.
2. *A droite* (ou *à gauche*) = alignement.
3. Fixe.

Au commandement front, chaque canonnier fait front par un *à gauche* ou par un *à droite*.

Au commandement FIXE, replacer la tête directe.

122. Quand on a fait *canonniers à droite*, au commandement FRONT, on exécute un *à gauche*; quand on a fait *canonniers à gauche*, on fait front par un *à droite*; quand on a fait front par un *à gauche*, l'alignement est à droite; et quand on a fait front par un *à droite*, l'alignement est à gauche.

Changement de direction.

123. Chaque rang étant en marche séparément, on commande :

1. *Tournez* = (à) DROITE (ou [à] GAUCHE).
2. *En* = AVANT.

A la dernière partie du premier commandement, qui est DROITE (ou GAUCHE), le premier canonnier tourne du côté indiqué, sans raccourcir le pas. Chaque canonnier tourne successivement sur le terrain où le premier a tourné.

A la dernière partie du deuxième commandement, qui est AVANT, le premier canonnier se porte droit devant lui dans la nouvelle direction; il est suivi par les autres.

Marche oblique individuelle.

124. Chaque rang étant en marche séparément, on commande :

1. *Oblique à gauche* (ou *à droite*).
2. MARCHE.

(Pl. 6, fig. B.)

Au commandement MARCHE, chaque canonnier exécute un *quart d'à gauche* ou un *quart d'à droite*, et, le mouvement achevé, se porte droit devant lui dans sa nouvelle direction, tous suivant des lignes parallèles, et se réglant à gauche ou à droite pour se maintenir à la même hauteur et conserver leurs distances.

Pour faire reprendre la direction primitive, l'instructeur commande :

En = AVANT.

A la dernière partie du commandement, qui est AVANT, les canonniers se redressent par un *quart d'à droite* en avançant, et se portent droit devant eux.

Les obliques, avant d'être exécutés en marchant, le sont d'abord de pied ferme, en se conformant, pour le commandement, à ce qui est prescrit au n.° 12.

125. Tous ces mouvements s'exécutant

correctement par rang, l'instructeur réunit le peloton et les fait exécuter de nouveau par les deux rangs à la fois.

Marche directe en colonne par le flanc.

126. Les principes de la marche en colonne par un sont appliquables à la marche en colonne par le flanc.

Dans la marche en colonne par le flanc, les canonniers du premier rang sont guides; ils se maintiennent à leur distance et dans la direction de ceux qui précèdent. Les canonniers du deuxième rang marchent à hauteur de leur chef de file, en sentant légèrement le coude de ce côté et cédant à la pression qui en vient.

Changements de direction.

127. Le peloton étant en colonne, par le flanc et en marche, l'instructeur commande :

Tête de colonne à gauche (ou *à droite*).
(Pl. 6, fig. C.)

Le sous-instructeur commande alors :

1. *Tournez* = (à) GAUCHE (ou [à] DROITE).
2. *En* = AVANT.

A la dernière partie du premier commandement, qui est GAUCHE (OU DROITE), le canonnier placé du côté vers lequel la conversion s'exécute, tourne comme il est prescrit n.° 123, et celui placé du côté opposé tourne en allongeant le pas, sentant le coude de son voisin et cédant à sa pression.

Marche oblique individuelle.

128. La colonne étant en marche par le flanc, l'instructeur commande :

1. *Oblique à gauche* (ou *à droite*).
2. MARCHE.

(Pl. 6, fig. D.)

Au commandement MARCHE, chaque canonnier exécute un *quart d'à gauche* ou un *quart d'à droite*.

Le canonnier de gauche ou de droite, du premier rang, qui est le guide de la colonne, se porte droit devant lui dans la nouvelle direction, parallèlement au sous-instructeur. Le canonnier de gauche ou de droite, de chacun des autres rangs, qui est le guide de son rang, se porte aussi en avant, ayant l'œil sur le guide de la colonne, pour se maintenir à sa hauteur en suivant une direction parallèle. Les canonniers du côté opposé se portent en avant, ayant l'œil à gauche ou à droite pour s'aligner sur leur guide et se maintenir à sa hauteur; ils ont l'épaule du côté de l'oblique placée en arrière de la sienne.

Pour faire reprendre la direction primitive, l'instructeur commande :

En = AVANT.

A la dernière partie du commandement, qui est AVANT, les canonniers se redressent par un *quart d'à droite* ou un *quart d'à gauche*, en avançant, et se portent droit devant eux, en se conformant aux principes de la marche directe par le flanc.

Les canonniers, dans ce mouvement, n'ayant plus le contact des coudes, ne peuvent se maintenir alignés qu'en prenant des directions bien parallèles et en conservant l'égalité du pas.

129. Pour rectifier les distances, le degré d'obliquité, et s'assurer que les guides, ainsi que les autres canonniers, sont dans la même direction, l'instructeur peut faire arrêter la colonne aux commandements : 1. *colonne*; 2. HALTE.

Il remet ensuite la colonne en mouvement dans la direction oblique, en commandant : 1. *colonne en avant*; 2. MARCHE.

Le peloton marchant par le flanc, le former en avant ou sur la droite en bataille.

130. La colonne étant en marche, la droite en tête, pour la former en avant en bataille, l'instructeur commande :

1. *En avant en bataille.*
2. MARCHE.
3. HALTE.
4. *A droite* = ALIGNEMENT.
5. FIXE.

(Pl. 7, fig. A.)

Au commandement MARCHE, le premier canonnier du premier rang continue à marcher droit devant lui. Le premier canonnier du deuxième rang, qui marche à hauteur de son chef de file, raccourcit le pas et se place derrière lui, en obliquant à gauche.

Tous les autres canonniers, obliquant de suite à gauche, viennent se placer successivement à la gauche des premiers ; chaque canonnier s'arrête à hauteur du rang dont il fait partie, porte les armes et s'aligne à droite.

Au commandement FIXE, replacer la tête directe.

L'instructeur commande HALTE, lorsque le premier canonnier a marché vingt pas. Il fait le commandement *à droite* = ALIGNEMENT immédiatement après celui HALTE, et il ne commande FIXE que lorsque la dernière file est alignée.

131. La colonne marchant la gauche en tête, le mouvement s'exécute suivant les mêmes principes, et par les moyens inverses, aux commandements : 1. *en avant en bataille*; 2. MARCHE; 3. HALTE; 4. *à gauche* = ALIGNEMENT; 5. FIXE.

132. La colonne étant en marche, la droite en tête, pour la former en bataille sur le prolongement en avant de son flanc droit, l'instructeur commande :

1. *Sur la droite en bataille.*
2. MARCHE.
3. HALTE.
4. *A droite* = ALIGNEMENT.
5. FIXE.

(Pl. 7, fig. B.)

Au commandement MARCHE, les deux premiers canonniers tournent à droite et se portent en avant dans cette nouvelle direction. Aussitôt après avoir tourné, le premier canonnier du deuxième rang, qui marche à hauteur de son chef de file, raccourcit le pas et se place derrière lui, en obliquant à gauche.

Tous les autres canonniers continuent de marcher droit devant eux, ne tournant que successivement et à un pas plus loin que les canonniers qui précèdent; ceux du deuxième rang raccourcissent le pas, après la conversion, pour se placer derrière leur chef de file; chaque file se place à la gauche de celles déjà formées. Chaque canonnier s'arrête à la hauteur du rang dont il fait partie, porte les armes et s'aligne à droite.

L'instructeur se conforme, pour faire les commandements HALTE, *à droite* = ALIGNEMENT et FIXE, à ce qui est prescrit n.° 130.

133. La colonne marchant la gauche en tête, le mouvement s'exécute suivant les mêmes principes, et par les moyens inverses, aux commandements: 1. *sur la gauche en bataille*; 2. MARCHE; 3. HALTE; 4. *à gauche* = ALIGNEMENT; 5. FIXE.

134. Ces mouvements sont exécutés, d'abord, la colonne étant arrêtée.

L'instructeur exige que les canonniers marchent bien unis jusqu'après leurs conversions, et qu'alors seulement le canonnier du deuxième rang raccourcisse le pas et se place derrière son chef de file.

L'instructeur se tient du côté de la formation, et en arrière de la nouvelle ligne, jusqu'à ce que la dernière file soit formée; il veille à ce que les canonniers exécutent le mouvement correctement et ne se trompent pas de rang; le sous-instructeur se conforme à tout ce qui a été prescrit pour les *alignements successifs*, n.° 113.

Former le peloton à gauche sur un rang.

135. Le peloton étant formé sur deux rangs, et au port d'armes, l'instructeur commande :

1. *A gauche sur un rang.*
2. MARCHE.
3. HALTE.
4. FRONT.
5. *A droite* = ALIGNEMENT.
6. FIXE.

(Pl. 7, fig. C.)

Au commandement MARCHE, les canonniers du premier rang ne bougent pas; ceux du deuxième rang font *canonniers à gauche*, et se portent ensemble droit devant eux.

Au commandement HALTE, les canonniers s'arrêtent.

Au commandement FRONT, ils font un *à droite*.

Au commandement *à droite* = ALIGNEMENT, les canonniers du deuxième rang se portent à hauteur du premier rang et s'alignent sur lui.

Au commandement FIXE, replacer la tête directe.

L'instructeur ne fait le commandement HALTE que lorsque le canonnier de droite du deuxième rang arrive à hauteur du canonnier de gauche du premier rang.

Former le peloton à droite sur deux rangs.

136. Le peloton étant sur un rang, et au port d'armes, l'instructeur commande :

1. *A droite sur deux rangs.*
2. MARCHE.
3. *A droite* = ALIGNEMENT.
4. FIXE.

(Pl. 7, fig. D.)

Au commandement MARCHE, les canonniers du premier rang se portent en avant, à un pas (2/3 de mètre); ceux du deuxième rang font *canonniers à droite*, et se portent ensemble droit devant eux; chacun, s'arrêtant derrière son chef de file, fait front sans commandement.

Au commandement *à droite* = ALIGNEMENT, les canonniers s'alignent à droite.

Au commandement FIXE, replacer la tête directe.

Maniement des armes.

137. Le peloton étant en bataille est exercé au maniement des armes, d'abord à rangs ouverts, puis à rangs serrés.

L'instructeur s'attache à donner de l'ensemble aux canonniers; et, s'il le juge nécessaire, il fait exécuter le maniement des armes, par temps et mouvements, en faisant les commandements 2, 3, 4, etc., mais sans explication.

138. Dans une troupe composée de canonniers armés de mousquetons et d'autres armés de sabres seulement, ces derniers, s'ils ont le sabre à la main, au commandement *portez* = (vos) ARMES, prennent la position régulière du port du sabre; s'ils ne l'ont pas à la main, à

la première partie du commandement, qui est *portez*, ils exécutent le premier temps du *sabre* = (à la) MAIN, ainsi qu'il a été prescrit pour le premier et le deuxième rang. A la dernière partie du commandement, qui est ARMES, ils exécutent le deuxième temps.

Au commandement *l'arme* = (au) BRAS, ou *l'arme sur l'épaule* = DROITE, les canonniers armés du sabre allongent le bras droit, en maintenant le sabre entre le premier et le deuxième doigt, le pouce par-dessus la monture ou la croisière.

Pour rompre les rangs, au commandement *présentez* = (vos) ARMES, les canonniers armés du sabre présentent le sabre.

Au commandement *haut* = (les) ARMES, ils exécutent le deuxième temps de *remettez* = (le) SABRE.

ARTICLE II.

Le peloton étant en bataille, rompre par quatre files à droite.

Marche directe en colonne par quatre.

Changement de direction.

Marche oblique individuelle.

Le peloton marchant en colonne par quatre, le former en avant, à gauche et sur la droite en bataille.

Maniement des armes.

Des feux.

Le peloton étant en bataille, rompre par quatre files à droite.

139. L'instructeur commande :

1. *Par quatre files à droite.*
2. MARCHE.
3. HALTE.

(Pl. 8, fig. A.)

Au premier commandement, le sous-instructeur se place à un pas (2/3 de mètre) en avant des quatre files de droite.

Au commandement MARCHE, les numéros 1 du premier rang, qui sont *pivots*, tournent sur eux-mêmes, en marquant le pas; les numéros 4, qui sont *ailes marchantes*, déboîtent franchement et conversent à droite, en tournant la tête du côté du pivot, afin de ne se rapprocher ni s'écarter de lui; les numéros 2 et 3 exécutent leur mouvement, tournant la tête du côté de l'aile marchante, réglant sur elle leur degré de vitesse, et sentant le coude du côté du pivot, pour ne pas s'en séparer.

Les canonniers du deuxième rang suivent les canonniers du premier, en appuyant vers l'aile marchante dès qu'elle a déboîté.

Au commandement HALTE, les canonniers s'arrêtent; ceux du deuxième rang se replacent à leurs chefs de file et à leurs distances.

L'instructeur commande HALTE au moment où les conversions sont près de finir.

Dans cet ordre en colonne, tous les premiers rangs de quatre conservent entre eux une distance égale à leur front, trois pas un quart (2 mètres 16 centimètres).

140. Pour rompre le peloton par quatre files à gauche, le mouvement s'exécute d'après les mêmes principes et par les moyens inverses, aux commandements : 1. *par quatre files à gauche*; 2. MARCHE; 3. HALTE.

141. La colonne étant la droite en tête et arrêtée, pour remettre le peloton en bataille, l'instructeur commande :

1. *Par quatre files à gauche.*
2. MARCHE.
3. HALTE.
4. *A droite* = ALIGNEMENT.
5. FIXE.

Ce qui s'exécute comme il est prescrit n.° 139, et par les moyens inverses.

Marche directe en colonne par quatre.

142. Dans la marche en colonne par quatre, la droite en tête, ce sont les numéros 4 qui sont guides; quand on a la gauche en tête, ce sont les numéros 1.

Le guide du premier rang de quatre, qui est guide de la colonne, doit marcher droit devant lui, en conservant sa direction, et régler sa vitesse de manière que le premier rang de quatre, qui s'aligne sur lui, soit toujours à un pas (⅔ de mètre) du sous-instructeur, qui marche en tête de la colonne.

Le guide de chaque rang doit conserver la tête directe et se maintenir toujours à sa distance, et dans la direction du guide du premier rang des quatre files qui le précèdent; les trois autres canonniers de chaque rang de quatre s'alignent sur le guide de leur rang, en sentant légèrement le coude, en donnant un coup d'œil de son côté ; ils cèdent à la pression qui vient de son côté et résistent à celle du côté opposé.

Dans la marche en colonne par quatre, l'instructeur veille à ce que les guides des premiers rangs soient à leurs distances, afin de pouvoir se reformer en *bataille* par un mouvement général.

143. Pour porter la colonne en avant, l'instructeur commande :

1. *Colonne en avant.*
2. MARCHE.
3. *Guide à gauche.*

(Pl. 8, fig. B.)

Au commandement MARCHE, tous les canonniers partent ensemble, se réglant sur le guide.

Après avoir donné à la colonne un point de direction, l'instructeur fait marcher pendant quelque temps sans changer de direction, pour donner aux canonniers les moyens de mettre en pratique les principes de la marche directe.

144. Pour arrêter la colonne, l'instructeur commande :

1. *Colonne.*
2. HALTE.

Au commandement HALTE, tous les canonniers arrêtent et ne bougent plus, quand même les distances seraient perdues.

Les canonniers sont exercés à passer du *pas ordinaire* au *pas accéléré*, et du *pas accéléré* au *pas ordinaire*.

Changement de direction.

145. La colonne marchant par quatre, la droite ou la gauche en tête, l'instructeur commande :

Tête de colonne à gauche (ou *à droite*).

A ce commandement, le sous-instructeur commande :

1. *Tournez* = (à) GAUCHE.
2. *En* = AVANT.

A la dernière partie du premier commandement, qui est GAUCHE, le premier rang de quatre tourne à gauche; le pivot tourne au même pas, en décrivant un arc de cercle de cinq pas (3 mètres 1/3). Le canonnier placé à l'aile opposée tourne en allongeant le pas, les autres canonniers tournent la tête du côté de l'aile marchante, afin de régler sur elle leur degré de vitesse, et sentent légèrement le coude du côté du pivot.

A la deuxième partie du deuxième commandement, qui est AVANT, le premier rang de quatre reprend la marche directe, et chaque canonnier le degré de vitesse auquel il marchait avant la conversion.

Chaque rang de quatre tourne successivement sur le même terrain où a tourné le premier.

Le sous-instructeur fait le commandement *en* = AVANT lorsque la conversion du premier rang est presque terminée. L'instructeur exige, dans ce changement de direction, que tous les rangs de quatre marchent droit, sans se jeter du côté opposé à la conversion, et sans que le canonnier du pivot raccourcisse le pas, ni que celui de l'aile marchante allonge le sien, avant d'arriver au point de la conversion. Pour changer de direction à droite, le mouvement s'exécute suivant les mêmes principes, et par les moyens inverses, au commandement *tête de colonne à droite*.

Marche oblique individuelle.

146. La colonne étant en marche, l'instructeur commande ;

1. *Oblique à gauche.*
2. MARCHE.

(Pl. 8, fig. C.)

Au commandement MARCHE, chaque canonnier exécute un *quart d'à gauche;* le canonnier de gauche du premier rang de quatre, qui est le guide de la colonne, se porte droit devant lui dans la nouvelle direction et parallèlement au sous-instructeur.

Le canonnier de gauche de chacun des autres rangs, qui est guide de son rang, se porte aussi en avant, ayant l'œil sur le guide de la colonne, pour se maintenir à sa hauteur, en suivant une direction parallèle. Les autres canonniers de chaque rang, n'ayant plus le contact des coudes, donnent un coup d'œil sur la ligne des épaules de leurs voisins du côté du guide, et règlent leur pas de manière que leur épaule soit toujours en arrière de celle de leur voisin de ce côté, et que sa tête leur cache celles des autres canonniers du rang. Tous les canonniers doivent en outre conserver l'égalité du pas et le même degré d'obliquité.

Pour faire reprendre la direction primitive, l'instructeur commande :

En = AVANT.

A la dernière partie du commandement,

qui est AVANT, chaque canonnier exécute un *quart d'à droite*, en avançant, et tous se portent droit devant eux, en se conformant aux principes de la marche directe.

Le mouvement *oblique à droite* s'exécute par les moyens inverses.

147. Pour rectifier les distances, le degré d'obliquité, et s'assurer que les guides ainsi que les autres canonniers sont dans la même direction, l'instructeur peut faire arrêter la colonne aux commandements : 1. *colonne*; 2. HALTE.

Il remet ensuite la colonne en mouvement dans la direction oblique aux commandements : 1. *colonne en avant*; 2. MARCHE.

Le peloton marchant en colonne par quatre, le former en avant, à gauche ou sur la droite en bataille.

148. La colonne marchant la droite en tête, pour la former en avant en bataille, l'instructeur commande :

1. *En avant en bataille.*
2. MARCHE.
3. HALTE.

4. *A droite* = ALIGNEMENT.
5. FIXE.

(Pl. 9, fig. A.)

Au commandement MARCHE, les quatre premières files continuent de marcher droit devant elles ; les autres rangs de quatre obliquent à gauche, marchent dans cette direction, et se redressent par un *quart d'à droite* vis-à-vis de la place qu'ils doivent occuper dans le peloton.

Lorsque les premières files ont marché vingt pas, l'instructeur commande HALTE. A ce commandement, elles s'arrêtent bien carrément ; les autres viennent se former successivement à leur gauche, en s'alignant à droite.

Au commandement FIXE, replacer la tête directe.

L'instructeur fait le commandement *à droite* = ALIGNEMENT immédiatement après celui de HALTE, et ne commande FIXE que lorsque les quatre dernières files sont alignées.

149. La colonne marchant la gauche en tête, le mouvement s'exécute suivant les mêmes principes, et par les moyens inverses, aux commandements : 1. *en*

avant en bataille; 2. MARCHE; 3. HALTE; 4. *à gauche* = ALIGNEMENT; 5. FIXE.

150. La colonne marchant la droite en tête, pour la former en bataille sur son flanc gauche, l'instructeur commande :

1. *Par quatre files à gauche.*
2. MARCHE.
3. HALTE.
4. *A droite* = ALIGNEMENT.
5. FIXE.

Au commandement *par quatre files à gauche*, les n.os 4 se préparent à tourner sur eux-mêmes; au commandement MARCHE, on se conforme à ce qui est prescrit n.° 141.

151. La colonne marchant la gauche en tête, pour la former en bataille sur son flanc droit, le mouvement s'exécute suivant les mêmes principes, et par les moyens inverses, aux commandements : 1. *par quatre files à droite*; 2. MARCHE; 3. HALTE; 4. *à droite* = ALIGNEMENT; 5. FIXE.

152. La colonne marchant la droite en tête, pour la former en bataille sur le

prolongement en avant de son flanc droit, l'instructeur commande :

1. *Sur la droite en bataille.*
2. MARCHE.
3. HALTE.
4. *A droite* = ALIGNEMENT.
5. FIXE.

(Pl. 9, fig. B.)

Au commandement MARCHE, les quatre premières files tournent à droite et se portent droit devant elles; les autres rangs de quatre continuent de marcher droit devant eux, et chacun tourne successivement à droite, à trois pas (2 mètres) au-delà du point où a tourné le rang de quatre qui le précédait.

Lorsque les premières files ont marché vingt pas, l'instructeur commande HALTE. A ce commandement, elles s'arrêtent bien carrément; les autres viennent se former successivement à leur gauche, en s'alignant à droite.

Au commandement FIXE, replacer la tête directe.

L'instructeur fait le commandement *à droite* = ALIGNEMENT immédiatement après celui HALTE, et ne commande FIXE que lorsque les quatre dernières files sont alignées.

153. La colonne marchant la gauche en tête, pour la former en bataille sur le prolongement en avant de son flanc gauche, le mouvement s'exécute suivant les mêmes principes, et par les moyens inverses, aux commandements : 1. *sur la gauche en bataille*; 2. MARCHE; 3. HALTE; 4. *à gauche* = ALIGNEMENT; 5. FIXE.

Maniement des armes.

154. Le peloton étant en bataille est exercé au maniement des armes à rangs ouverts et à rangs serrés.

Des feux.

155. Le peloton étant en bataille, l'instructeur commande :

1. *Feux de peloton.*
2. COMMENCEZ LE FEU.

Au premier commandement, le sous-instructeur se porte vivement derrière le centre du peloton, à six pas (4 mètres) en arrière du serre-file.

Au deuxième commandement, le sous-instructeur commande :

1. *Peloton.*
2. *Apprêtez* = (vos) ARMES.
3. (*En*) JOUE.
4. *Feu*, ou *redressez* = (vos) ARMES.
5. CHARGEZ, ou *portez* = (vos) ARMES.

Ce qui s'exécute comme à l'*école du canonnier à pied.*

156. Les armes étant portées, le sous-instructeur fait aussitôt recommencer le feu par les mêmes commandements, et le feu continue jusqu'à la sonnerie *pour faire cesser le feu;* si l'instructeur n'a pas un trompette, il commande :

CESSEZ LE FEU.

A la sonnerie, ou à ce commandement, les canonniers achèvent de charger les armes et les portent; le sous-instructeur reprend sa place de bataille.

157. Pour faire exécuter les feux par le deuxième rang, l'instructeur commande :

1. *Feux en arrière.*
2. CANONNIERS, DEMI-TOUR = (à) DROITE.

Au premier commandement, le serre-file passe vivement par une des ailes du peloton, et se place à un pas (2/3 de mètre) en arrière du premier rang, devenu le deuxième, et vis-à-vis de sa place de bataille. Le sous-instructeur se porte également en arrière pour commander le feu.

Au deuxième commandement, les canonniers exécutent le *demi-tour*, et l'instructeur commande :

1. *Feux de peloton.*
2. COMMENCEZ LE FEU.

Ce qui s'exécute comme il est prescrit n.° 155, le deuxième rang prenant la position indiquée pour le premier, et le premier celle prescrite pour le deuxième.

L'instructeur fait cesser le feu comme il est prescrit n.° 156.

158. Pour remettre le peloton face en en tête, l'instructeur commande :

CANONNIERS, DEMI-TOUR = (à) DROITE.

Pendant ce mouvement, le sous-instructeur et le serre-file reprennent leur place.

159. L'instructeur veille à ce que les canonniers du deuxième rang se placent exactement à leurs créneaux, pour l'exécution des feux, et reprennent ensemble leurs chefs de file en portant les armes. Il recommande au sous-instruc-

teur de ne mettre entre les commandements JOUE et FEU que l'intervalle nécessaire pour laisser aux canonniers le temps de bien ajuster. Il se place de manière à voir les deux rangs et à remarquer les fautes.

L'instructeur recommande aux canonniers le plus grand calme pendant les feux, sans que cela fasse rien perdre de la vivacité dans l'exécution. Il donne pour principe aux hommes du premier rang de conserver le talon gauche en place, afin que l'alignement ne soit pas dérangé; il vérifie, après les feux, si ce principe a été observé.

Lorsque les canonniers exécutent les feux correctement et avec ensemble, on les fait tirer à poudre.

ARTICLE III.

Marche du peloton en bataille.
Contre-marche.
Des conversions.
Conversions à pivot fixe.
Conversions à pivot mouvant.
Marche oblique individuelle.

Le peloton étant en bataille, rompre par quatre files à droite, et porter la colonne en avant; après la conversion, former le peloton.

Le peloton marchant en bataille, le rompre par quatre files à droite et le remettre en bataille sans arrêter.

Le peloton marchant en colonne par quatre, le mettre en colonne par le flanc sans arrêter.

Le peloton marchant en colonne par le flanc, le mettre en colonne par quatre sans arrêter.

Le peloton marchant en colonne par le flanc, le mettre de front sans arrêter.

Le peloton étant en bataille, faire face en arrière.

Maniement des armes et feux.

Marche du peloton en bataille.

160. Les principes de la marche directe donnent aux canonniers les moyens,

1.° De conserver l'alignement en marchant sans se désunir;

2.° De ne pas se serrer et de reprendre l'aisance quand ils sont serrés;

3.° De ne pas s'ouvrir et de se rapprocher quand ils se sont ouverts;

4.° De ne pas jeter le guide hors de sa direction, et de la lui laisser reprendre s'il a été forcé de s'en écarter.

161. Pour se maintenir alignés, les canonniers doivent sentir légèrement le coude de leur voisin du côté du guide, conserver l'aisance des files et marcher à un pas bien cadencé.

Dans tous les instants de la marche, les canonniers doivent céder à la pression qui vient du côté du guide, et résister à celle qui vient du côté opposé.

Si les canonniers sont en avant ou en arrière de l'alignement, trop rapprochés ou trop écartés de leur voisin du côté du guide, ils s'en éloignent ou s'en rapprochent avec modération et en gagnant du terrain en avant.

162. Le brigadier de l'aile opposée au guide n'est pas astreint à conserver la tête directe. Il doit s'attacher à rester aligné sur le guide et sur l'ensemble de la troupe.

L'instructeur a l'attention de commander le guide à droite et à gauche alternativement, pour que les canonniers prennent une égale habitude des deux alignements.

Lorsqu'après avoir marché on arrête le peloton, l'alignement est commandé du côté où était le guide.

163. Lorsqu'on veut exercer le peloton à la marche directe, on le conduit sur un terrain où il puisse marcher long-temps sans changer de direction.

Le peloton étant en bataille, les canonniers alignés, l'instructeur indique au guide de droite ou de gauche un point fixe dans une direction perpendiculaire au front du peloton; il lui prescrit de prendre un point intermédiaire, de ne jamais perdre de vue ces deux points, afin de se maintenir toujours dans la direction, et d'en choisir un plus éloigné à mesure qu'il approche du premier qu'il a pris. Pour donner le point de direction, l'instructeur se place exactement derrière la file de droite ou de gauche, et indique au canonnier du premier rang un objet dans la campagne, immobile et apparent, tel qu'une maison, un clocher, un moulin, un arbre;

il indique ce même objet au canonnier du deuxième rang, qui se maintient toujours à sa distance et en file, de manière que l'homme du premier rang lui cache le point de direction indiqué.

L'instructeur commande ensuite :

1. *Peloton en avant.*
2. *Guide à droite* (ou *à gauche*).
3. MARCHE.

Au commandement MARCHE, les canonniers partent tous ensemble ; ils règlent leur pas sur celui du sous-instructeur, qui marche devant le front du peloton ; s'ils le perdent, l'instructeur commande :

AU PAS.

Pendant la durée de la marche, l'instructeur se porte, tantôt sur le flanc du côté du guide, pour s'assurer que les canonniers marchent à la même hauteur, tantôt derrière le guide, pour veiller à ce qu'il suive la direction indiquée.

164. Les canonniers sont exercés, en marchant en bataille, à marquer le *pas*, à changer le *pas*, passer du *pas accéléré* au *pas ordinaire*, et du *pas ordinaire* au *pas accéléré*.

165. Pour arrêter le peloton, l'instructeur commande :

1. *Peloton.*
2. Halte.
3. *A droite* (ou *à gauche*) = alignement.
4. Fixe.

Contre-marche.

166. Le peloton étant arrivé à l'extrémité du terrain, pour le faire changer de direction, l'instructeur commande :

1. *Contre-marche par l'aile droite.*
2. *Canonniers, à droite.*
3. (A) droite.
4. *Par file à droite.*
5. Marche.

(Pl. 10, fig. A.)

Au premier commandement, le serre-file se porte à trois pas (2 mètres) en arrière de la file de gauche, en dehors de sa direction, lui tournant le dos.

Au troisième commandement, les canonniers font un *à droite*, l'instructeur se porte à hauteur de la première file et lui fait faire un *demi à droite.*

Au commandement marche, les canonniers partent ensemble; la première file tourne de suite à droite, et, dirigée par l'instructeur, passe en arrière du deuxième rang.

Tous les autres canonniers tournent successivement sur le même terrain que les premiers.

Quand la tête de la colonne arrive à hauteur du guide placé sur la nouvelle ligne, l'instructeur commande :

1. *Colonne.*
2. HALTE.
3. FRONT.
4. *A droite* = ALIGNEMENT.
5. FIXE.

Au commandement FIXE, le sous-instructeur reprend sa place de bataille.

167. La contre-marche s'exécute par la gauche, suivant les mêmes principes, et par les moyens inverses, aux commandements : 1. *contre-marche par l'aile gauche*; 2. *canonnier à gauche*; 3. (à) GAUCHE; 4. *par file à gauche*; 5. MARCHE; et 1. *colonne*; 2. HALTE; 3. FRONT; 4. (*à*) *gauche* ALIGNEMENT; 5. FIXE.

Des conversions.

168. On distingue deux espèces de

conversions, la *conversion à pivot fixe* et la *conversion à pivot mouvant.*

La conversion est toujours à *pivot fixe*, excepté dans le cas où l'on commande *tournez* = (à) DROITE ou (à) GAUCHE.

Toute troupe qui converse doit exécuter ce mouvement sans se désunir et sans que l'alignement cesse d'être observé.

Dans toute espèce de conversion, le conducteur de l'aile marchante doit mesurer de l'œil l'arc de cercle qu'il a à parcourir, de manière à ne point faire ouvrir ni serrer les files; il tourne parfois la tête du côté du pivot, sans appuyer de ce côté, de manière à voir l'ensemble du rang; s'il s'aperçoit que les canonniers se resserrent ou s'ouvrent, il agrandit ou diminue sans précipitation l'étendue de son cercle, en gagnant plus de terrain en avant que sur le côté.

Chaque canonnier du premier rang doit décrire son arc de cercle en raison de l'éloignement où il se trouve du pivot. Ces différents arcs de cercle devant être parcourus dans un même temps, il est nécessaire que chaque canonnier raccourcisse son pas en proportion de l'aile marchante.

Pendant toute la durée de la conversion, les canonniers doivent avoir la tête légèrement tournée du côté de l'aile marchante, pour régler leur degré de vitesse sur cette aile et se maintenir alignés; ils doivent aussi sentir légèrement le coude du côté du pivot, afin de rester liés de ce même côté. Les canonniers doivent encore céder à la pression qui vient du côté du pivot, et résister à celle qui vient de l'aile marchante.

Lorsque dans le mouvement les files se sont ouvertes, les canonniers doivent se rapprocher insensiblement du pivot, en diminuant leur cercle par degrés et gagnant plus de terrain en avant que sur le côté. Dans ce cas, ils donnent alternativement un coup d'œil sur le pivot et sur l'aile marchante, ayant soin de se redresser assez à temps pour ne pas forcer le pivot.

Lorsque les canonniers sont trop serrés, ils doivent reprendre l'aisance avec modération, en agrandissant leur cercle par degrés et gagnant plus de terrain en avant que sur le côté. A cet effet, ils donnent alternativement un coup d'œil sur l'aile marchante et sur le pivot, ayant soin de se redresser à l'instant où ils ne sentent plus que légèrement le coude du côté du pivot.

Dans toute espèce de conversion, les canonniers doivent cesser de converser et reprendre la marche directe à la dernière partie du commandement *en* = AVANT, à quelque point que l'on soit de la conversion; il faut veiller aussi à ce que les ailes qui deviennent pivots ou ailes marchantes ne ralentissent pas le pas ou ne l'augmentent pas avant le commandement d'exécution.

Dans toutes les conversions, les canonniers ont l'attention de ne pas trop tourner la tête, de conserver les épaules carrément dans le rang, de tenir à leurs voisins du côté du pivot, sans écarter le coude, et de réparer sans précipitation les fautes qu'ils peuvent commettre.

Conversion à pivot fixe.

169. La conversion à pivot fixe a pour objet principal, lorsque le peloton fait partie de l'escadron, de le faire passer de l'ordre en bataille à l'ordre en colonne, et de l'ordre en colonne à l'ordre en bataille.

Le canonnier qui forme le pivot de la conversion tourne sur lui-même, en marquant le pas.

Le canonnier qui est au pivot doit tourner légèrement la tête vers l'aile marchante, afin de conformer son mouvement au sien, et de rester toujours aligné vers le conducteur de cette aile.

Lorsqu'on est en marche, le pivot arrête, et l'aile marchante exécute son mouvement au même pas qu'avant la conversion.

Lorsqu'après une conversion à pivot fixe on arrête le peloton, l'alignement est toujours commandé du côté de l'aile marchante; mais comme le pivot ne doit jamais bouger de place, l'aile marchante doit arriver à sa hauteur.

Lorsqu'après une conversion à pivot fixe on porte le peloton en avant, le guide est commandé sur l'aile marchante, immédiatement après le commandement *en* = AVANT, à moins que le mouvement du peloton dans l'escadron n'exige le contraire.

La conversion à pivot fixe est commandée du côté du guide, à moins de nécessité contraire.

170. On commence l'école de conversion par rang de peloton; à cet effet on porte le premier rang en avant, et on le fait arrêter lorsqu'il se trouve entre les deux rangs une distance double de leur front; le serre-file reste à sa place, le sous-instructeur se place derrière le premier rang; chacun d'eux surveille le rang derrière lequel il est placé.

Les rangs étant alignés, l'instructeur commande :

1. *Peloton en cercle à droite* (ou *à gauche*).
2. MARCHE.

(Pl. 10, fig. B.)

Au commandement MARCHE, les canonniers

se mettent en mouvement, tournant la tête du côté de l'aile marchante. Le canonnier qui conduit cette aile entame franchement la conversion, en faisant le pas de soixante-cinq centimètres (2 pieds), mesurant de l'œil l'étendue du cercle qu'il doit parcourir, pour ne causer ni ouverture, ni resserrement dans le rang, et les canonniers restant alignés. Le pivot tourne sur lui-même, en marquant le pas et se réglant, ainsi que les autres canonniers, sur l'aile marchante.

L'instructeur commande aux canonniers de conserver assez d'aisance pour éviter la pression dans les rangs.

171. Lorsque les canonniers ont fait un tour ou deux, l'instructeur, pour arrêter, commande :

1. *Peloton.*
2. HALTE.
3. *A gauche* (ou *à droite*) = ALIGNEMENT.
4. FIXE.

Au commandement FIXE, replacer la tête directe.

172. On porte ensuite les deux rangs en avant, conservant la même distance entre eux, et on leur fait recommencer le même mouvement de conversion.

Lorsque l'instructeur veut faire reprendre la marche directe, il commande :

1. *En* = AVANT.
2. *Guide à gauche* (ou *à droite*).

A la dernière partie du premier commandement, qui est AVANT, tous les canonniers se portent en avant, se conformant aux principes de la marche directe.

Au commandement *guide à gauche* ou *à droite*, les canonniers se règlent du côté indiqué.

173. Les canonniers conversant en cercle à droite, pour faire changer le côté de la conversion sans arrêter, l'instructeur commande :

1. *Peloton en cercle à gauche.*
2. MARCHE.

Au commandement MARCHE, l'aile gauche marque le pas et devient pivot. L'aile droite, prenant le pas auquel marchait l'aile gauche, se porte en avant et décrit un cercle proportionné à l'étendue du front.

Lorsque les canonniers commencent à converser régulièrement, l'instructeur exige que les conducteurs des ailes marchantes règlent le pas de manière à arriver ensemble en bataille et en colonne, le conducteur de chaque rang se réglant toujours sur celui qui le précède.

174. Les canonniers étant suffisamment exercés aux conversions par rang, on fait serrer les rangs pour exécuter les conversions par peloton, en suivant la même gradation. L'instructeur commande :

1. *Peloton en cercle à droite* (ou *à gauche*).
2. Marche.

(Pl. 10, fig. C.)

Au commandement marche, les canonniers du premier rang exécutent leur mouvement comme il est prescrit n.° 170 ; les canonniers du deuxième rang tournent la tête du côté de l'aile marchante, et marchent sur les traces de leurs chefs de file ; celui qui est pivot tourne en obliquant à gauche (ou à droite), pour se maintenir derrière son chef de file.

175. Pour arrêter la conversion, l'instructeur commande :

1. *Peloton.*
2. Halte.
3. *A gauche* (ou *à droite*) = alignement.
4. Fixe.

Les canonniers exécutent ce qui est prescrit au n.° 171.

On porte ensuite le peloton en avant, et on lui fait recommencer le même mouvement de conversion.

176. Lorsque l'instructeur veut faire reprendre la marche directe, il commande :

1. *En* = AVANT.
2. *Guide à gauche* (ou *à droite*).

Les canonniers exécutent ce qui est prescrit au n.° 172.

177. Le peloton conversant à droite, pour changer le côté de la conversion, sans arrêter, l'instructeur commande :

1. *Peloton en cercle à gauche.*
2. MARCHE.

Les canonniers exécutent ce qui est prescrit aux n.os 173 et 174.

178. Pour habituer à réparer les fautes, on fait quelquefois appuyer le pivot sur son rang, afin que les canonniers, se sentant pressés, apprennent à gagner du terrain vers l'aile marchante. On fait ensuite porter le pivot du côté

opposé à l'aile marchante, ce qui oblige les canonniers à se rapprocher de lui.

179. Le peloton étant de pied ferme, pour le placer dans une direction perpendiculaire à l'ancien front, l'instructeur commande :

1. *Peloton à droite.*
2. MARCHE.
3. HALTE.
4. *A gauche* (ou *à droite*) = ALIGNEMENT.
5. FIXE.

Ce qui s'exécute suivant les principes de la conversion à pivot fixe.

L'instructeur fait le commandement HALTE lorsque l'aile marchante est près de terminer son *quart de conversion*.

180. Le peloton étant de pied ferme, pour faire face en arrière, l'instructeur commande :

1. *Peloton demi-tour à gauche* (ou *à droite*).
2. MARCHE.
3. HALTE.
4. *A gauche* (ou *à droite*) = ALIGNEMENT.
5 FIXE.

Ce qui s'exécute suivant les principes prescrits n.° 179, le peloton parcourant une moitié de cercle équivalente à deux *à droite*.

L'instructeur fait le commandement HALTE lorsque l'aile marchante est près d'arriver face en arrière sur une ligne parallèle à l'ancien front.

181. Le peloton étant de pied ferme, pour le placer vers sa droite ou sa gauche dans une direction oblique à l'ancien front, l'instructeur commande :

1. *Peloton demi à droite* (ou *à gauche*).
2. MARCHE.
3. HALTE.
4. *A gauche* (ou *à droite*) = ALIGNEMENT.
5. FIXE.

Ce qui s'exécute suivant les principes des conversions à pivot fixe.

L'instructeur fait le commandement HALTE, lorsque l'aile marchante est près d'arriver à la moitié d'un *à droite*, ou d'un *à gauche*..

182. Avant d'aligner le peloton, l'instructeur fait porter le canonnier de l'aile marchante à hauteur du pivot, afin que les canonniers n'aient pas à reculer pour s'aligner.

183. Le peloton étant en marche, l'instructeur lui fait exécuter les mêmes

mouvements, aux commandements : 1. *peloton à droite* (ou *à gauche*); *demi-tour à droite* (ou *demi-tour à gauche*); *demi à droite* (ou *demi à gauche*); 2. MARCHE; 3. *en* = AVANT; 4. *guide à gauche* (ou *à droite*).

Au commandement MARCHE, l'aile qui doit converser tourne au pas auquel la troupe marchait précédemment; l'aile qui devient pivot arrête.

A la dernière partie du troisième commandement, qui est AVANT, les deux ailes se portent en avant ensemble et au même pas.

L'instructeur veille à ce que les canonniers ne reprennent la marche directe qu'à la dernière partie du commandement *en* = AVANT.

Conversion à pivot mouvant.

184. La conversion à pivot mouvant s'emploie dans les changements de direction successifs en colonne.

Dans cette conversion, le pivot mouvant a pour objet de dégager par degrés le terrain où commence le mouvement, et de l'abandonner en avançant dans la nouvelle direction. Le conducteur de l'aile marchante doit conserver la longueur et la cadence du pas, et décrire son arc de cercle de manière à ne point faire ouvrir ni serrer les files. Le pivot décrit un *arc de cercle de cinq pas* (3 mètres 1/3), en faisant le pas de dix pouces. Dans chaque rang, les canonniers placés depuis l'aile marchante jusqu'au pivot diminuent progressivement la longueur du pas. A la fin d'une conversion à pivot mouvant, tous les canonniers qui ont diminué le pas reprennent celui auquel ils marchaient avant la conversion.

185. Le peloton étant en marche, et supposé tête de colonne, pour lui faire changer de direction, l'instructeur commande :

Tête de colonne à gauche (ou *à droite*).

A ce commandement, le sous-instructeur commande :

1. *Tournez* = (à) GAUCHE (ou [à] DROITE).
2. *En* = AVANT.

(Pl. 10, fig. D.)

A la première partie du premier commandement, qui est *tournez*, le pivot se prépare à raccourcir le pas.

A la deuxième partie du même commandement, qui est GAUCHE (ou DROITE), le peloton tourne à gauche, ou à droite, le pivot décrivant son arc de cercle en faisant le *pas de six pouces*; l'aile marchante tourne sans augmenter ni raccourcir le pas; les autres canonniers font le pas d'une longueur proportionnée à la place qu'ils occupent dans le rang, c'est-à-dire d'autant plus court qu'ils sont plus rapprochés du pivot.

A la dernière partie du deuxième commandement, qui est AVANT, tous les canonniers se portent en avant et reprennent le pas auquel ils marchaient précédemment.

Marche oblique individuelle.

186. Le peloton marchant en bataille, pour lui faire gagner du terrain vers l'un de ses flancs, sans changer de front, l'instructeur commande :

1. *Oblique à droite* (ou *à gauche*).
2. MARCHE.

Au commandement MARCHE, chaque canonnier fait un *quart d'à droite* ou *d'à gauche*, et se porte droit devant lui dans la nouvelle direction. Les canonniers, n'ayant plus le contact des coudes, doivent régler leur marche de manière que la tête de leur voisin, du côté du guide, leur cache celle des autres canonniers du rang. L'égalité du pas et celle du degré d'obliquité suffisent pour se maintenir aligné.

Les canonniers du deuxième rang se maintiennent à leur distance et dans la direction du canonnier placé à côté de leur chef de file habituel.

Lorsque le peloton a suffisamment obliqué, l'instructeur commande :

En = AVANT.

Les canonniers se conforment à ce qui est prescrit n.° 146.

Le peloton étant en bataille, rompre par quatre files à droite, ou à gauche, et porter la colonne en avant après la conversion.

187. L'instructeur fait rompre par quatre files à droite, comme il est prescrit n.° 139, et la conversion presque terminée, il commande :

1. *En* = AVANT.
2. *Guide à gauche.*

A la dernière partie du premier commandement, qui est AVANT, les canonniers se portent en avant, se conformant aux principes de la marche directe par quatre.

188. Le mouvement s'exécute par la gauche suivant les mêmes principes, et par les moyens inverses.

Former le peloton.

189. Le peloton marchant en colonne par quatre, la droite en tête, l'instructeur commande :

1. *Formez le peloton.*
2. MARCHE.
3. *Guide à droite.*

Au commandement MARCHE, le mouvement s'exécute comme il est prescrit pour l'*en avant en bataille*, n.° 148, excepté que les quatre premières files continuent de marcher droit devant elles, en faisant le pas de seize centimètres (6 pouces), jusqu'à ce que les dernières files arrivent à leur hauteur ; alors tous les canonniers reprennent le pas auquel ils marchaient précédemment, et se portent en avant, se conformant aux principes de la marche directe.

L'instructeur ne commande le guide que lorsque le peloton est formé.

Lorsqu'on forme le peloton, la colonne marchant la gauche en tête, le guide est indiqué à gauche.

Le peloton marchant en bataille, le rompre par quatre files à droite, ou à gauche, et le remettre en bataille sans arrêter.

190. L'instructeur commande :

1. *Par quatre files à droite.*
2. Marche.
3. *En* = avant.
4. *Guide à gauche.*

Et pour le remettre en bataille :

1. *Par quatre files à gauche.*
2. Marche.
3. *En* = avant.
4. *Guide à droite.*

Ces mouvements s'exécutent comme il est prescrit n.° 139.

Si, au lieu de se porter en avant après la conversion, l'on veut arrêter, l'instructeur commande :

3. Halte.
4. *A droite* = alignement.
5. Fixe.

191. Le mouvement s'exécute par la

gauche suivant les mêmes principes, et par les moyens inverses.

Le peloton marchant en colonne par quatre, le mettre en colonne par le flanc sans arrêter.

192. L'instructeur commande :

1. *Canonniers à droite, et dans chaque rang par file à gauche.*
2. MARCHE.
3. *En* = AVANT.
4. *Guide à gauche.*

Au commandement MARCHE, chaque canonnier fait un *à droite*, et la première file de chaque rang de quatre tourne de suite à gauche, et se met en file derrière les canonniers du rang de quatre qui précédait. Les canonniers se trouvent ainsi en colonne par le flanc. Dans ce mouvement, les quatre premières files doivent allonger les premiers pas, afin de ne pas retarder les autres rangs de quatre qui doivent entrer en colonne derrière elles.

193. La colonne ayant la gauche en tête, le mouvement s'exécute suivant les mêmes principes, et par les moyens inverses, aux commandements : 1. *canonniers à gauche, et dans chaque rang*

par file à droite; 2. MARCHE; 3. *en* = AVANT; 4. *guide à droite*.

Le peloton marchant en colonne par le flanc, le mettre en colonne par quatre sans arrêter.

194. Le peloton étant en colonne par le flanc, la droite en tête, l'instructeur commande :

1. *Formez les rangs de quatre.*
2. MARCHE.
3. *Guide à gauche.*

Au commandement MARCHE, les numéros 1 du premier rang continuent à marcher droit devant eux; les n.os 2, 3 et 4 du premier rang se portent, en obliquant à gauche et en allongeant le pas, à hauteur du n.° 1.

Les canonniers du deuxième rang se placent derrière leur chef de file, en obliquant à gauche.

Le peloton marchant en colonne par le flanc, le remettre de front sans arrêter.

195. La colonne ayant la droite en tête, l'instructeur commande :

1. *Canonniers à gauche.*
2. MARCHE.

3. *En* = AVANT.
4. *Guide à droite.*

Au commandement MARCHE, chaque canonnier exécute un *à gauche*, et au commandement *en* = AVANT, se porte droit devant lui.

Si, au lieu de se porter en avant après le mouvement, l'on veut arrêter, l'instructeur commande :

3. HALTE.
4. *A droite* = ALIGNEMENT.
5. FIXE.

196. La colonne ayant la gauche en tête, le mouvement s'exécute suivant les mêmes principes et par les moyens inverses.

197. Le peloton marchant en bataille, pour le mettre en colonne par le flanc sans arrêter, l'instructeur commande :

1. *Canonniers à droite.*
2. MARCHE.
3. *En* = AVANT.
4. *Guide à gauche.*

Au commandement MARCHE, chaque canonnier exécute un *à droite*, et se porte ensuite droit devant lui.

198. Pour mettre le peloton en colonne par le flanc, la gauche en tête, le

mouvement s'exécute suivant les mêmes principes, et par les moyens inverses.

Le peloton étant en bataille, faire face en arrière.

199. L'instructeur commande :

1. *Canonniers demi-tour* = (à) DROITE.

Le demi-tour exécuté, si l'instructeur veut porter le peloton en avant, après l'avoir aligné à droite, il commande :

1. *Peloton en avant.*
2. *Guide à droite.*
3. MARCHE.

Ce qui s'exécute comme il est prescrit n.° 163.

Pour remettre le peloton face en tête, l'instructeur commande :

1. *Canonniers demi-tour* = (à) DROITE.

Le demi-tour exécuté, l'instructeur commande l'alignement à droite.

Maniement des armes et feux.

200. Le peloton est exercé au maniement des armes à rangs ouverts, à rangs serrés, et à l'exécution des feux par le premier et par le deuxième rang, comme dans l'article précédent.

TABLE

DES

TITRES ET ARTICLES.

TITRE I.er

BASES GÉNÉRALES DE L'INSTRUCTION.

TITRE II.

INSTRUCTION A PIED.

FIN.

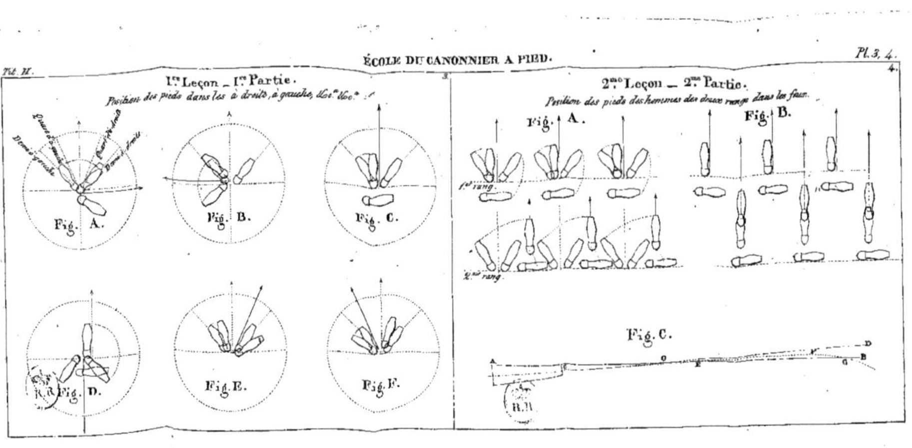
Tit. II.
1re Leçon _ 1re Partie.
Position des pieds dans les à droite, à gauche, &c.
Fig. A.
Fig. B.
Fig. C.
Fig. D.
Fig. E.
Fig. F.
2me Leçon _ 2me Partie.
Position des pieds des hommes des deux rangs dans les feux.
Fig. A.
Fig. B.
1er rang.
2me rang.
Fig. C.
A
D
B
G
F
R.H.
3.
4.

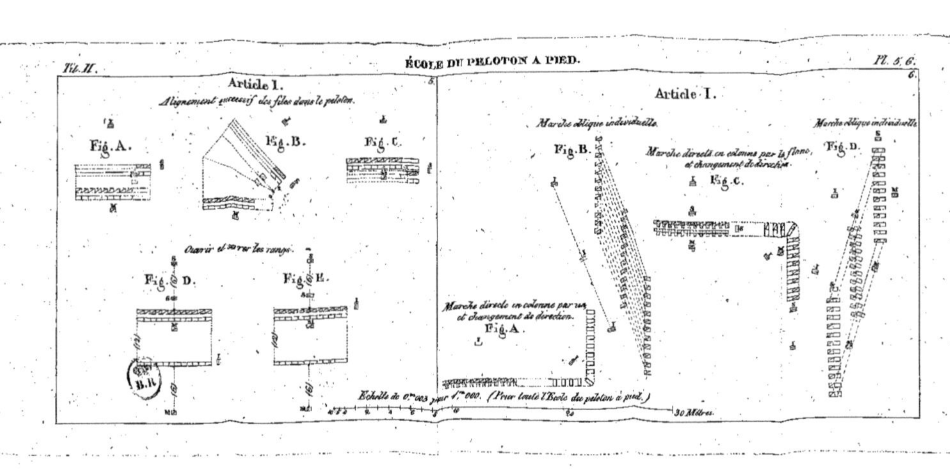
Tit. II.
ÉCOLE DU PELOTON A PIED.
Pl. 5, 6.
5.
Article I.
Alignement successif des files dans le peloton.
Fig. A.
Fig. B.
Fig. C.
Ouvrir et serrer les rangs.
Fig. D.
Fig. E.
6.
Article I.
Marche oblique individuelle.
Fig. B.
Marche directe en colonne par le flanc, et changement de direction.
Fig. C.
Marche oblique individuelle.
Fig. D.
Marche directe en colonne par un et changement de direction.
Fig. A.
Échelle de 0m,003 pour 1m,000. (Pour toute l'École du peloton à pied.)
30 Mètres.

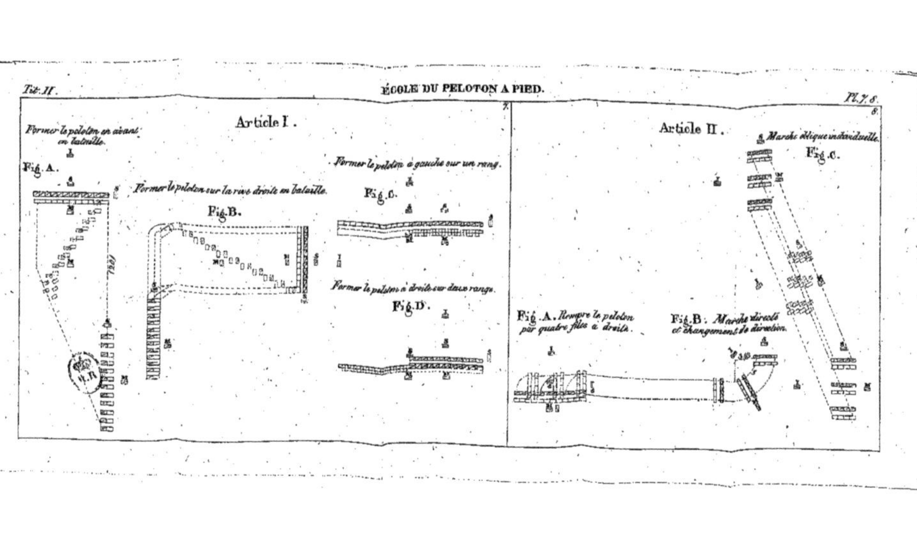
Tit. II.
ÉCOLE DU PELOTON A PIED.
Pl. 7. 8.
Article I.
Former le peloton en avant en bataille.
Fig. A.
Former le peloton sur la rive droite en bataille.
Fig. B.
Former le peloton à gauche sur un rang.
Fig. C.
Former le peloton à droite sur deux rangs.
Fig. D.
Article II.
Marche oblique individuelle.
Fig. C.
Fig. A. Rompre le peloton par quatre files à droite.
Fig. B. Marche directe et changement de direction.

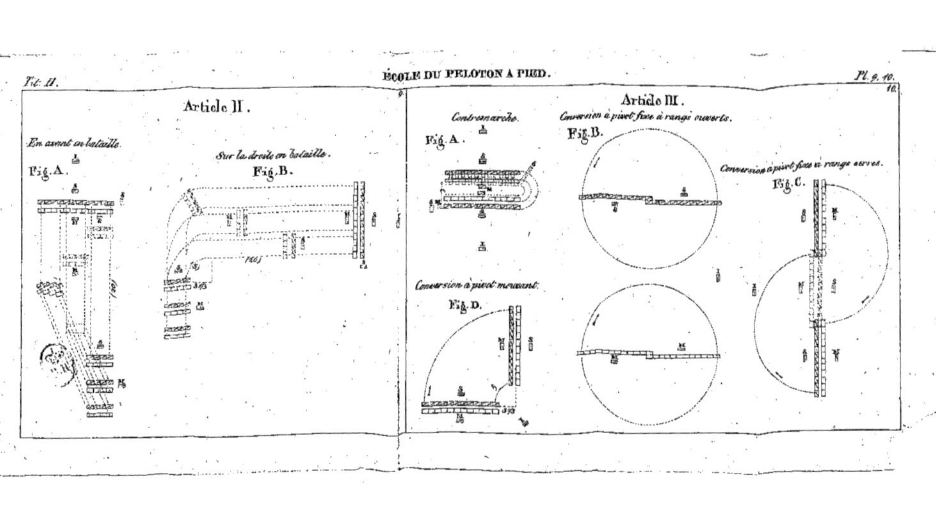
Article II.
En avant en bataille.
Fig. A.
Sur la droite en bataille.
Fig. B.
Article III.
Contremarche.
Fig. A.
Conversion à pivot fixe à rangs ouverts.
Fig. B.
Conversion à pivot fixe à rangs serrés.
Fig. C.
Conversion à pivot mouvant.
Fig. D.

www.ingramcontent.com/pod-product-compliance
Ingram Content Group UK Ltd.
Pitfield, Milton Keynes, MK11 3LW, UK
UKHW022053190726
13855UKWH00002B/491